Nele van Wieringen

Jan Bontjes van Beek

KÖRPER MASS FARBE

arnoldsche

Fritz Eschen: Portraitserie Jan Bontjes van Beek, 1949 / Series of portraits of Jan Bontjes van Beek, 1949. © Deutsche Fotothek. Eschen, Fritz.

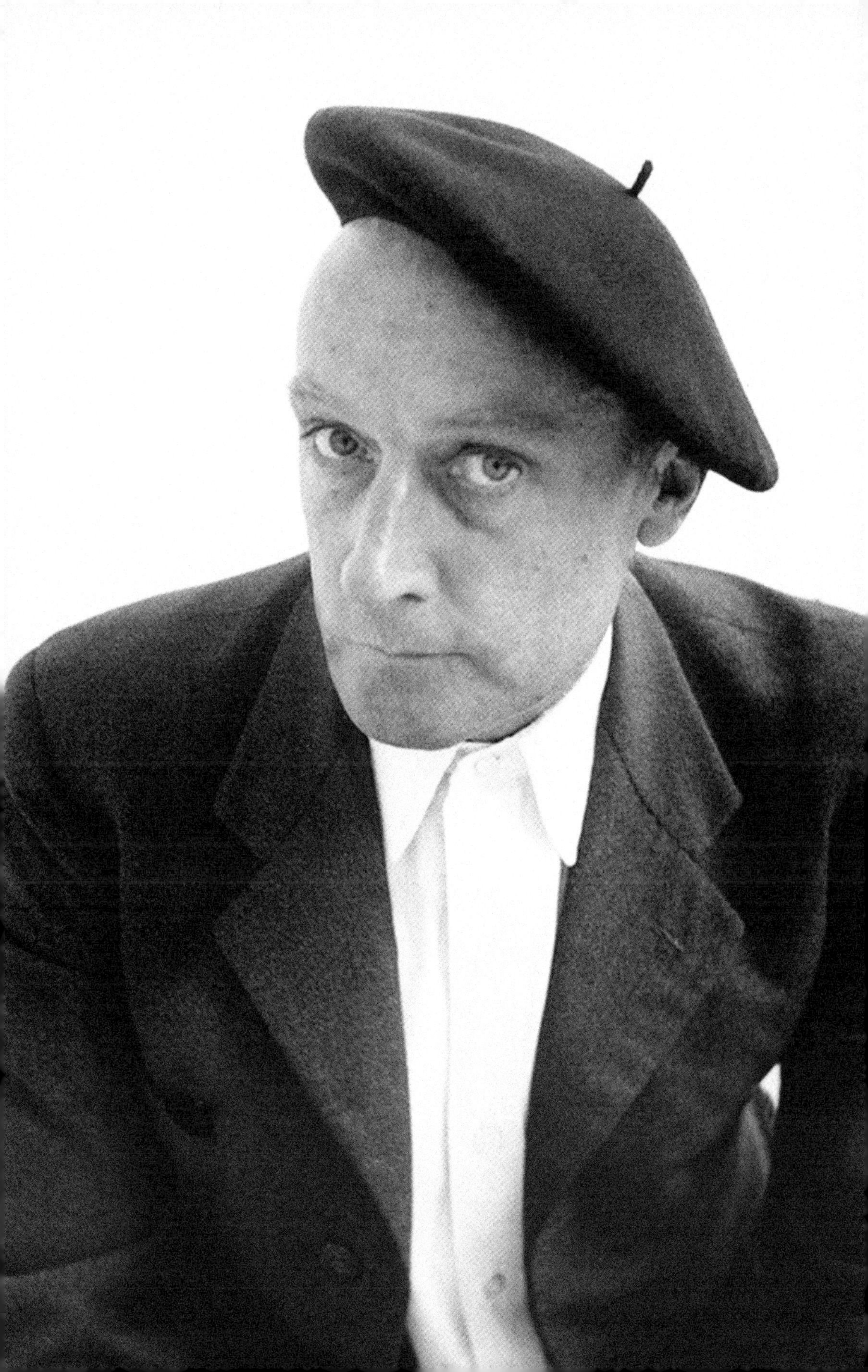

KÖRPER

In diese Zeit fällt ein großes Ereignis. Ich ging zur Post, da begegnete mir ein Bauernwagen, der von einem griechischen attischen Jüngling gelenkt wurde. Vielleicht angeregt durch die klassische Erziehung in der Duncanschule, das Beschäftigen mit der Bildhauerei! Ich war fasziniert – dann nach einigen Wochen lernte ich diesen jungen Menschen bei Heinrich Vogeler auf dem Barkenhoff kennen. Es war Jan Bontjes van Beek. In einem Jahr heirateten wir![1] OLGA BONTJES VAN BEEK

Nicht nur Olga Breling – die spätere Olga Bontjes van Beek – sondern auch den Worpsweder Künstler Heinrich Vogeler beeindruckte Jan zuerst mit seiner körperlichen Erscheinung. In Vogelers 1952 herausgegebenen Erinnerungen findet sich unter dem Titel „Typen vom Sommer 1918 bis Mai 1919" die folgende Beschreibung:

Jan Bontjes, Matrose aus der Gefangenschaft. Auffallend schöner, kräftiger, sehr naiver blonder Jüngling. Tanzt gut. Kam aus Wilhelmshaven mit einem etwas lahmen Intellektuellen, einem spekulativen Klugscheißer, der jede Lage spekulativ (für sein eigenes Ich Wichtiges) ansieht. Fiel in Berliner Theatern und Konzerten nur durch seine wirkungsvolle Begleitung auf, den schönen Matrosen Jan Bontjes.[2] HEINRICH VOGELER

Der Erste Weltkrieg endete am 11. November 1918 und hatte in Deutschland über zwei Millionen Soldaten in den Tod gerissen. Noch größer war die Anzahl der physisch oder psychisch Verletzten. Körperliche und seelische Unversehrtheit war in diesen Jahren bei Männern keine Selbstverständlichkeit, und der Anblick verstümmelter Körper war an der Tagesordnung. Um sein Ideal einer selbstversorgenden Kommune in Worpswede zu verwirklichen, brauchte Heinrich Vogeler jedoch dringend gesunde Arbeitskräfte und war dankbar für diesen „wirkungsvollen" Matrosen.
Doch nicht nur Jan selbst war beeindruckend – auch die Menschen, die er in Worpswede kennenlernte, waren markante Persönlichkeiten, die Jans Leben maßgeblich beeinflussen sollten. In der kurzen Zeit auf dem Barkenhoff begegnete er unter anderem Lucia Schulz, später verheiratet mit László Moholy-Nagy, und war zu Gast bei Otto Modersohn, Emil Uphoff und Bernhard Hoetger. Im Hause des Letzteren fand die Begegnung mit Olga statt, die sich gerade in eine eigene Tanzkarriere stürzte. Am 6. April 1920 heirateten Olga und Jan.

Ein kleines Aquarell aus dem ersten Ehejahr, von Olga gemalt, fängt die Stimmung ein: Auf einer bunten Straße, auf der sich links auch noch ein Drache blicken lässt, schreiten Jan und Olga nackt mit hochgestreckten Armen voran. „Helden" schrieb Olga in Bleistift darunter. Ein lebens- und kunstbejahendes Heldentum, das mit den Konventionen und Idealen der damaligen Zeit aufräumt.

Es war interessant zu sehen, wie intensiv Jan alles anpackte und sich dabei fast verausgabte,[3] OLGA BONTJES VAN BEEK

schrieb Olga in ihren Erinnerungen und schilderte Jans Austritt aus der dogmatischen Kommune und Eintritt ins freie Künstlerleben mit ihr wie folgt:

Jan war viel bei Hoetgers, zum Leidwesen von Martha Vogeler, denn er sollte ja in der Kommune arbeiten, er war aber schon länger der ganzen Kommune entwachsen, genau wie Heinrich Vogeler, der quasi nur als Gast in seinem eigenen Haus sich fühlte.
Sent M'ahesa kam zu Besuch und wir beide machten Pläne, wie wir in der nächsten Saison über die Runden kämen! Sent hatte ja nie Geld und dieses Mal war noch weniger in sua tasca!! Sie machte mir den Vorschlag, ein Varietätsengagement mit ihr anzunehmen, der Wintergarten Berlin suchte Prominenz, um weiter existieren zu können.
Viele Tänzerinnen hatten sich dazu verpflichtet – es wäre keine Schande. Ich sagte ja, und Jan, der ein sehr guter Tänzer war, ein Naturtalent, machte mit. Sent studierte mit ihm einen Tanz, den sie Licht und Schatten nannte. Unser

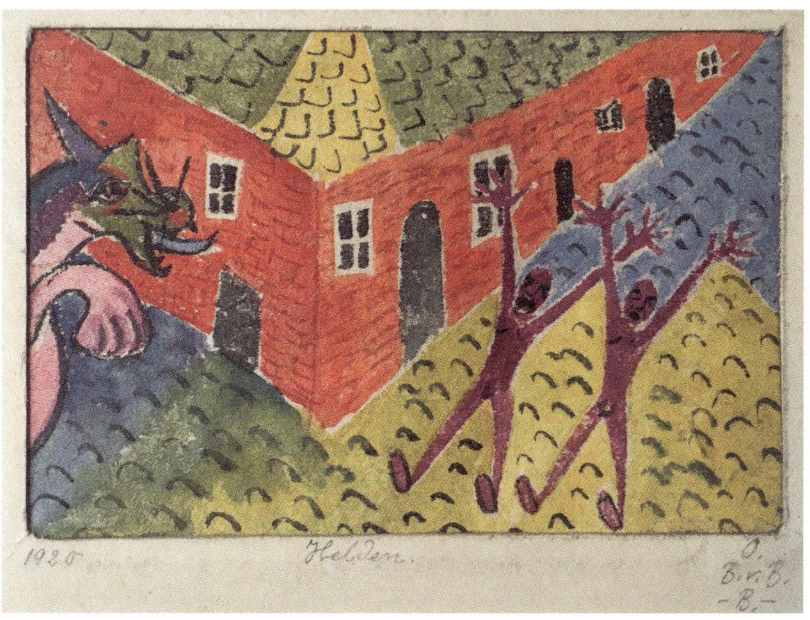

Olga Bontjes van Beek-Breling: *Helden*, 1920. WVZ OBvB-0136 / *Helden* (Heroes), 1920. CR OBvB-0136. Sammlung / Collection of Saskia Bontjes van Beek (28), Fischerhude.

Programm war fertig und wir drei fuhren nach Berlin! Es waren wohl die amüsantesten Wochen, die ich erlebte.[4]   OLGA BONTJES VAN BEEK

Später würden seine Schüler in Berlin und Hamburg noch gute Erinnerungen an den Professor haben, der gerne steppte, wenn er gut gelaunt war. Aber bereits 1919 hatte Jan keine Lust mehr, als Hauptberuf über Wochen hinweg den „Schatten" zu tanzen. Olgas Mutter Amalie wurde mittels einer kleinen Nachricht informiert:

Liebe Mami!
Schade, daß Du nicht hier bist. Wir sind nämlich sehr fidel. Nur solltest Du für uns Two ste(e)ps spielen, weißt Du wie damals in Fischerhude! Gratulier uns, wir haben eine Wohnung, dann mußt Du uns mal länger besuchen! Dotti muß auch kommen! Was macht Hänschen! Allen 1000 Busserl gleich geht es wieder uff Arweet!! Wintergarten!!! Leb wohl! Deine Ota!

Gute Frau Professor,
nach meinen Berechnungen bin ich November engagementlos. Ich weiss ja nicht, wohin mich der Sturm noch treiben wird – aber vielleicht ist es Ihnen recht dass ich für diese Zeit meine Gartenarbeit in Aussicht nehme. Wenn etwas dazwischenkommt, schreib ich Ihnen sofort. Wollen Sie so gütig sein und mir Ihre diesbezügliche Meinung schreiben?
Ich grüsse Sie und Ihr Haus.
John Bontjes[5]   OLGA BRELING / JAN BONTJES VAN BEEK

Begleitet von dem Pianisten Walter Gieseking tanzte Olga in Berlin, Münster, Leipzig, Jena, Erfurt und schließlich für begeisterte Bauhaus-Studierende in Weimar weiter. Jan reiste nach Fischerhude zurück. Wohin nun mit seiner überbordenden Energie, der künstlerischen Begabung? In dem Frauenhaushalt an der Bredenau wurde Jans Temperament schließlich von den beiden Familienoberhäuptern in die richtigen Bahnen geleitet.

Dort wurde er von meiner Mutter und meiner ältesten Schwester, Amelie Breling, der Bildhauerin, mit offenen Armen aufgenommen. Sie berieten, wie ihm zu helfen sei, und versuchten, alle in ihm verborgenen Möglichkeiten herauszuholen, denn sie spürten, dass dieser junge Mensch künstlerische Begabungen hatte, die es nur zu fördern galt. Amelie gab ihm zunächst Zeichenunterricht und versuchte es auch mit der Malerei und dem Modellieren, wo sein Talent am stärksten hervorzutreten schien.[6]   OLGA BONTJES VAN BEEK

Die Bildhauerin Amelie Breling hatte von Ende 1909 bis August 1910 eine kurze Lehre in Kandern bei dem Keramiker Max Laeuger absolviert und infolgedessen Bernhard Hoetger bei der Herstellung seiner Majolika-Figuren als Fachfrau beraten. Die 45-jährige Künstlerin hielt nach dem Tod des Vaters Heinrich Breling im Jahr 1914 die siebenköpfige Familie über Wasser und ermöglichte mit den Verdiensten aus ihrer Werkstatt auch Jans spätere Ausbildung in der Keramik in Undenheim, Berlin und Velten. Sie blieb ihr Leben lang unverheiratet und wurde nach dem Tod der Mutter zur unbestrittenen Matriarchin der Familie.

In Worpswede hatte Jan nach dem Krieg zwar eine Bleibe und Gesprächspartner für einen geistigen Austausch gefunden, doch erst im Hause Breling bekam sein Leben dank Amelie eine Richtung. Jahre später war er ihr immer noch dankbar:

Wie hast Du Dir Mühe gegeben, dem hergelaufenen Matrosen etwas beizubringen; es galt so vieles, was, vielleicht durch Tradition, latent schlummerte, ans Licht zu befördern. [...] Das Künstlerische, das heißt, das Geistige, war die Basis, auf der wir gemeinsam atmeten, hungerten, unsere Feste feierten und uns am Leben freuten. [...] Wir wollen es festhalten als ständigen Besitz, Amelie, auf dem wir zu jeder Zeit aufbauen können.[7] JAN BONTJES VAN BEEK

FEUER

Bontjes' Anfangsjahre in Fischerhude standen ganz im Zeichen der Bewältigung technischer Herausforderungen. Es galt nicht nur, das Drehen und die Herstellung von Glasuren zu erlernen, sondern auch den Brand zu meistern. Nach seinen Forschungsreisen kehrte Bontjes nach Fischerhude zurück und baute einen dritten Ofen. Dieser hatte eine sogenannte Muffel — einen Einsatz, der das Brenngut vom Feuer separiert — in der auch eine Reduktionsatmosphäre in den Ofen erzeugt werden konnte, die für schillernde Lüsterglasuren erforderlich ist.

Die Brände hinterließen bei seinem Sohn Tim einen bleibenden Eindruck:

Der Ofen wurde mit Kohle geheizt, und dann, wenn oben der Segerkegel gefallen war, kam der Moment, in dem das Feuer, die Glut, mit einem großen Haken auf eine Metallplatte herausgerissen wurde. Die Glut wurde nach draußen getragen, mit Wasser gelöscht – es gab riesige Dampfwolken. Und wenn das Feuer draußen war – erinnere ich mich noch –, hat mein Vater so eine Besonderheit gehabt: Er hatte einen Stock, den er mit Stoff umwickelte und in Teer tränkte – wie eine Fackel etwa –, so dass vorne ein großer Teerballen entstand. Mein Onkel Fritz öffnete dann auf Kommando das Schaurohr des Brennofens, und mein Vater schleuderte im gleichen Moment den Stab über die Segerkegel hinweg in die Glut. Mein Onkel musste das Schauloch sofort wieder zumachen – denn da kam eine gewaltige Stichflamme nach vorne – und mit Lehm verschmieren. So machte mein Vater damals seine Reduktionsbrände. Natürlich waren alle bei dieser Arbeit in Schweiß gebadet.

[...] und dann kam dieser Moment, in dem man oben in das Ofeninnere reingucken konnte, da hatte man dann schon eine Ahnung, was aus dem Brand geworden war. Das war manchmal sehr dramatisch. Jedenfalls waren wir froh, daß wir immer ohne Feuerwehr ausgekommen sind.[8]

TIM BONTJES VAN BEEK

Später, in seiner Werkstatt am Tegeler Weg in Berlin, wuchs die Anzahl Öfen ebenfalls stetig an. In einem Brief von Curt Walther, der für die Planung der ersten Öfen verantwortlich war, ist die Rede von einem 5 m³ Ofen, einer 1 m³ Muffel und diversen kleineren Öfen. Angeblich plante er noch 1942 weitere bauen zu lassen, was dann aber durch den Krieg verhindert wurde.

Lieber Herr Bontjes!
Ich bestätige Ihren Brief vom 12. cr. und teile Ihnen mit, dass aller Voraussicht nach Ihr Brief vom Herbst vorigen Jahres bei den diversen, zum Teil sehr heftigen Luftangriffen mit verloren gegangen ist. Es wurde seinerzeit nicht nur der Bremer Hauptbahnhof, sondern auch ein grosser Teil Güterwaggons getroffen. […] Es ist bestimmt richtig, dass Sie bereits jetzt anfangen, Ihr neues Bauvorhaben zu projektieren. […] Das neue Jahr fängt bei uns insofern recht ungünstig an, als unser Sohn bereits seit Ende November in Stalingrad eingeschlossen ist, und wir von ihm bisher nur ganz spärlich und nicht gerade gute Nachrichten erhalten. Hoffentlich glückt es Ihrem Sohn, in anderen Gebieten als wie in der Südfront im Osten eingesetzt zu werden.[9]   CURT WALTHER

Für Bontjes selbst waren die herausfordernden und spektakulären Brände der Anfangszeit keineswegs schnell vergessen, und er ließ auch später noch seine Schüler an der Spannung beim Öffnen des Fischerhuder Ofens teilhaben.

Einmal habe ich ihn später erlebt, wie er in Heidwinkel bei Grasleben bei Helmstedt unseren Ofen ausgenommen hat. Er stand davor wie ein kleines Kind und juchzte bei jedem Stück, das herauskam, und wir dachten, meine Güte, was hat er bloß, ist doch alles ganz normal! Und dann sprach er von seinen früheren Erfahrungen und dass es ein Traum sei, mit so einem Ofen zu arbeiten.[10]   GABI LEGÈNE

Auch wenn die technischen Herausforderungen in der Werkstatt in Fischerhude langsam gemeistert wurden und die Werke ihre Anerkennung bekamen, hielt Bontjes es nie lange an einem Ort aus. Auch ohne konkreten Zweck suchte er nach neuen Reizen, anderen Gesprächspartnern und brauchte Abwechslung.

Von der Konstruktion der Persönlichkeit her betrachtet war mein Vater ein Mensch, den man nicht einsperren konnte, der Freiheit suchte und auch brauchte. Dafür war ihm Fischerhude auf die Dauer zu eng und auch zu ereignislos. Dies äußerte sich z.B. so: Wenn er gerade nichts zu tun hatte, stand er vorne am Eingang zu unserem Grundstück und schaute die Bredenau – unsere kleine Straße – nach links und nach rechts, ob da nicht irgendetwas passiert, ob da nicht irgendjemand vorbeikommt, mit dem er hätte diskutieren können. Meine Schwester Cato stand daneben und wo er hingeguckt hat, hat sie auch hingeguckt – aber da ist ja nichts passiert.[11]
TIM BONTJES VAN BEEK

Die Jahre in Fischerhude blieben ihm, auch nach der Trennung von Olga, dennoch in dankbarer Erinnerung. Die sechs Schwestern des Breling-Clans, die sich alle auf ihre eigene Art mit Kunst, Handwerk und Politik beschäftigten, boten dem orientierungslosen jungen Mann den perfekten Nährboden, auf dem seine Talente erblühen konnten.

Ich war gerade zwanzig, als ich Fischerhude das erste Mal kennenlernte nach einem verlorenen Krieg. Wenn ich an diese schöne Zeit zurückdenke [...] Das Häuschen 155 vibrierte in Erwartung zweier bevorstehender Ereignisse. Ich sollte auf Anordnung Mamas [Großmutter Breling] für den Dauerbrandalllesbrenner im Wohnzimmer (ich glaube er hieß Germania) Holz hacken, dass nach Möglichkeit kein Kaminbrand entstand, und dann im abflauenden Frost den Garten umgraben – und Hans sollte aus der franz. Gefangenschaft heimkehren. Es gab Bratkartoffeln mit amerikanischem Speck, der für 5 Kriege sterilisiert war (ich glaube, er stammte noch aus den Bürgerkriegen) und ätzende Gase entwickelte, von denen wir weinen mussten, und Opiumzigaretten, bei denen ich so schön husten konnte. Es gab da ein Salettl, wo meine Seekiste stand mit Andenken aus meiner Jugend und Mitbringseln aus fernen Ländern von meinem Vater, und dazwischen standen merkwürdige, protestantische Bilderrahmen vom Großvater selbst gezimmert. Und das Kinderportrait von Amelie wollte ich unter Glas tun, kam aber nicht dazu, weil ich mich auf dem oberen Bodenraum verloren hatte und anhand der unüberschaubaren

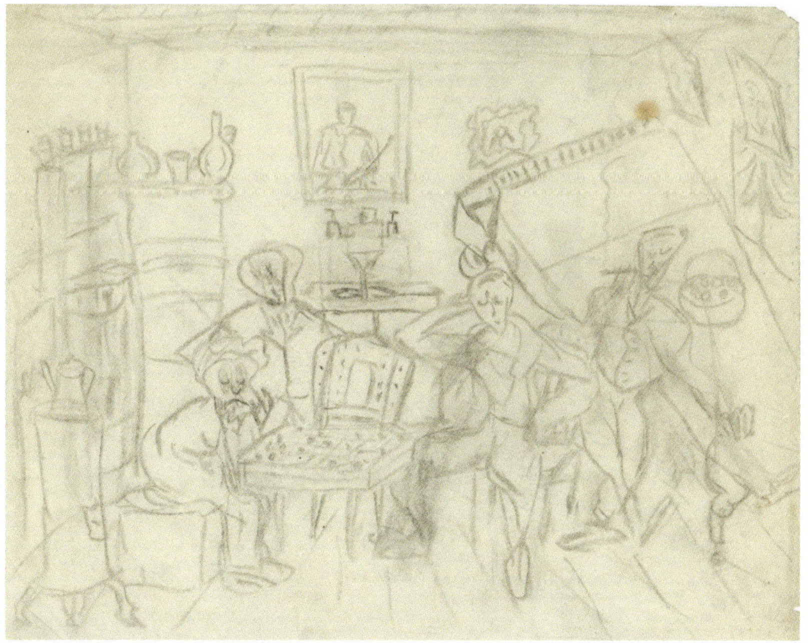

Jan Bontjes van Beek: undatierte Zeichnung des Wohnzimmers in der Bredenau /
undated drawing of the living room on the Bredenau. Archiv Saskia Bontjes van Beek,
Fischerhude.

Berge von Kulturrequisiten die Jugend der Brelingtöchter rekonstruierte. Vorderlader, Chapeaus und Tennisschuhe; seidenweiche, elfenfarbene Lederwämse von Rentieren; Metronome, Silberknöpfe, Alpenhörner, und Gipsformen aus Kandern und Kostüme, Kleider und Kostüme aus allen Zeiten der anthropomorphen Umhüllen, Klavierschulen, Beduinenrevolver, Wilhelminische Pickelhauben und theosophische Manifeste, Gebetbücher und Glasperlen und von Mönchen mit Brot und Spucke wunderbar modellierte Bilderrahmen u. Madonnen – kurz, wer wäre dieser geheimnisvollen Welt nicht verfallen.[12]
JAN BONTJES VAN BEEK

Die Breling-Schwestern standen zweifelsohne am Anfang von Bontjes' künstlerischem Lebensweg. Als er 1932 die erfolgreiche Architektin Rahel Weisbach, seine zweite Ehefrau, in Hamburg kennenlernte, war sie es, die seinen weiteren Werdegang unterstützte – und das nicht nur finanziell. Nachdem die Nationalsozialisten ihr die Arbeit verboten hatten, wurde sie zwangsläufig seine Managerin.

1935 hatte ich Berufsverbot bekommen, ich weiß es auswendig: „Vom heutigen Tage an wird Ihnen die Ausübung Ihres Berufes untersagt." Dann habe ich mich auf den Beruf meines Mannes konzentriert. Er war ja unfähig, Geld zu verdienen. Er war eben ein absoluter Künstler.[13]   RAHEL BONTJES VAN BEEK-WEISBACH

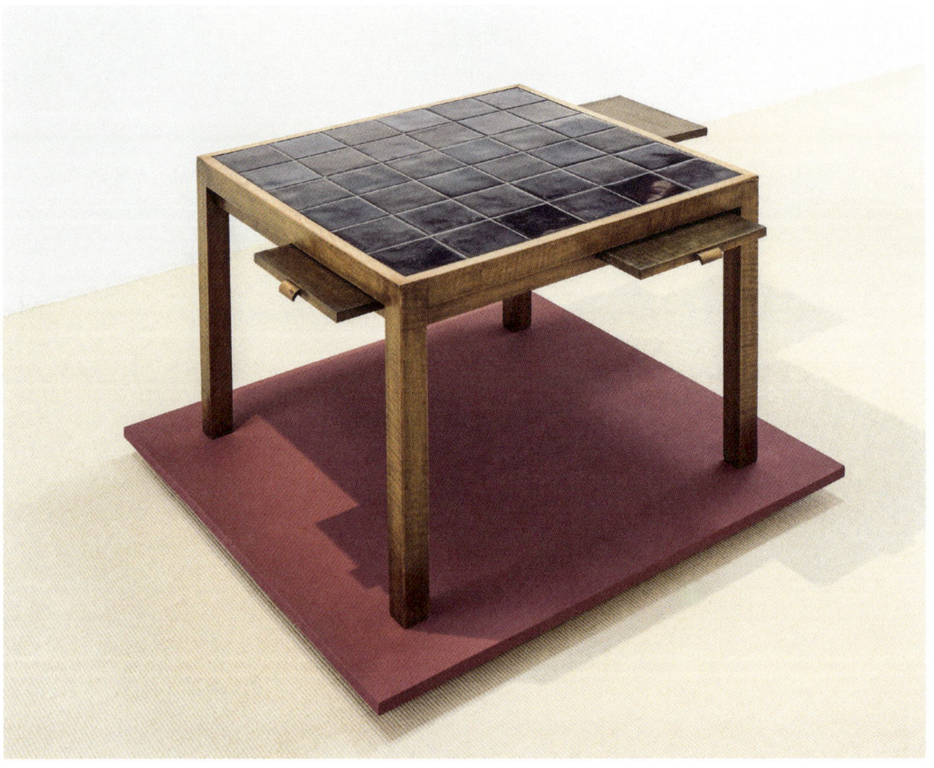

Rahel Weisbach und Jan Bontjes van Beek: „Coffee table", um / ca. 1935.
Sammlung / Collection of Sebastian Jacobi (18).

MASS

In der Berliner Werkstatt waren die technischen Bedingungen nun so gut, dass neben Unikaten aus Steinzeug auch Serien hergestellt werden konnten. Langsam entstand ein Formenkanon. Die zahlreichen unterschiedlichen Gartengefäße aus der Berliner Zeit weisen eine sehr einfache, robuste Oberfläche auf, die durch das Abdrehen eines hochschamottierten Tons entstand und die von Bontjes passenderweise „Elefantenhaut" genannt wurde. Eine solche, einfache, aber dennoch effektvolle Oberfläche ermöglichte eine volle Konzentration auf die Form.

Dass sich Bontjes an einen gewissen Formenkanon hält, sich Phantastereien, modische (Spielereien und) Maniriertheiten versagt, zu denen das Formen des weichen Tons so viele Keramiker seit eh und jeh und heute im besonderen verführt hat, kann nicht übersehen lassen, ein wie starkes Form-Talent er ist [von Jan geändert in: Formbegabung / eine wie starke Formsprache er spricht; Anm. der Autorin]. Seine Formen sind klar, überschaubar, streng, im Umriss gestrafft, höchst sensibel proportioniert. Er sucht das Gültige, nie das Extravagante. Auch in der Bindung an funktionale Notwendigkeiten sind seine Formen in sich vollendete, unsere Sinne ergreifende plastische Gebilde.[14]   HANS ECKSTEIN

Inwiefern ihn Rahel Weisbach zu dieser Entwicklung harmonischer, stereometrischer Formen inspirierte, hat die Bontjes-Forschung bisher noch nicht herausgefunden. Rahel Weisbach war 25 Jahre alt, als sie Jan Bontjes durch Grete Olff[15], eine Hamburger Sammlerin, kennenlernte.

Ich hatte Tischlerei gelernt und die Gesellenprüfung in der Schweiz abgelegt, weil das in Deutschland einer Frau nicht erlaubt war. Ich ging nach Berlin. Der berühmte Architekt Erich Mendelsohn interessierte sich für mich, weil es ihm gefiel, dass ich Tischlerei gelernt hatte. Er hat mich als Architektin in sein Büro engagiert – ich war erst 20 Jahre alt. Ich hatte ja nicht mal auf einer Kunsthochschule studiert. Zwei Jahre war ich in dem Büro, mein Gehalt wurde stetig erhöht. Danach wollte ich Berlin verlassen und ging nach Frankfurt / M. Ich fand dort sofort eine Anstellung bei dem erfolgreichen Architekten Prof. Martin Elsässer. Er engagierte mich für den Innenausbau seines letzten Millionenprojektes in Hamburg, den Bau des Hauses von Reemtsma. Da habe ich die Bauleitung gemacht, ich war 23 Jahre alt, das hat sogar in der Zeitung gestanden.[16]   RAHEL BONTJES VAN BEEK-WEISBACH

Mendelsohns funktionelle und gleichzeitig dynamische Gestaltung und Elsässers harmonische Geometrie sind Konzepte, die sich ab der Berliner Zeit auch unverkennbar in Bontjes Werk wiederfinden. Sicherlich hat sich Bontjes, der so leidenschaftlich diskutierte und nach geistigem Austausch lechzte, an Rahels Netzwerk gelabt.
Zahlreiche Skizzenblätter in seinem Nachlass zeugen von einer lebenslangen Suche nach der perfekten, harmonischen Form. Auf jedem Blatt wird ein Korpus – sei es eine Teekanne, ein Pflanzengefäß oder eine Vase – in Größe und Proportionen durchdekliniert und somit alle formspezifischen Möglichkeiten erörtert. Auf den Rückseiten von Einladungen, Protokollen, Werbebroschüren und anderen gefundenen Papieren befinden sich Gefäßvariationen, deren Gliedmaßen Fuß, Bauch, Hals und Mund nach dem Goldenen Schnitt proportioniert sind. Die Anweisungen für den Dreher wurden präzise auf den Millimeter festgelegt. Ein kleines Kreuzchen markiert das Objekt, das für die Herstellung als geeignet befunden wurde.

Erst die Freiheit innerhalb der Ordnung führt zum schöpferischen Ergebnis und zur lebendigen Mannigfaltigkeit.[17] JAN BONTJES VAN BEEK

Auf der Grundlage von Kugel, Kegel und Zylinder montierte Bontjes zahlreiche Gefäßvariationen, die eine Vertrautheit mit der Bauhaus-Lehre und den Gefäßen von Theodor Bogler vermuten lassen. Der Nachlass, den Rahel dem Deutschen Kunstarchiv übereignete, belegt, dass sich Bontjes eingehend mit dem Bauhaus-Ideal

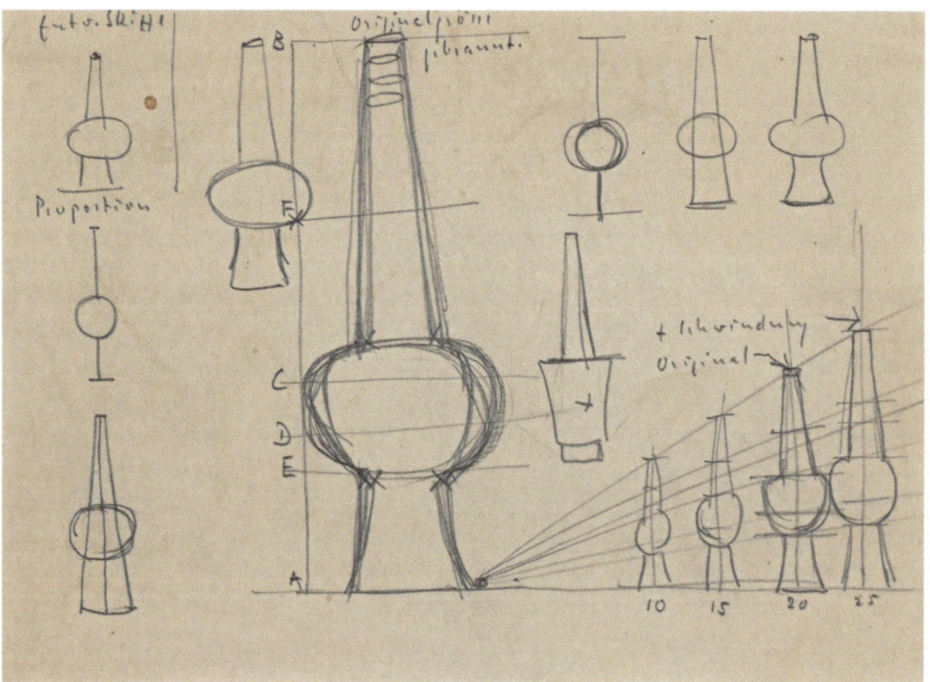

Jan Bontjes van Beek: Skizzenblatt, undatiert / Sketch page, undated.
© Deutsches Kunstarchiv im Germanischen Nationalmuseum, Nürnberg / Nuremberg.

befasste. Da er zudem ab 1946 als Dozent tätig war, war sein Interesse an dem Bauhaus-Programm auch didaktisch begründet. In seiner Rede für die Meisterschule Berlin am 16. März 1953 zeigte sich, dass Bontjes das Bauhaus-Programm nicht nur wortwörtlich abgeschrieben hatte, sondern auch die Visionen von Walter Gropius teilte. In seiner Ansprache betonte er die Verbindung von Kunsthandwerk und industrieller Gestaltung mit dem Ziel, preiswerte Objekte für jedermann zu schaffen. Hieraus spricht auch seine Offenheit für eine Zusammenarbeit mit der Industrie, die sich ab 1950 mit den Firmen Rosenthal aus dem bayerischen Selb oder dem Keramischen Werk Dr. Ungewiss im ostwestfälischen Dehme bei Oeynhausen realisieren sollte.

… denn durch die Zerstörung der Städte, den Verlust an Wohnung und Hausrat stehen unzählige Menschen vor der Notwendigkeit, sich neu einzurichten. Bedenken Sie, welche Chance uns damit gegeben ist und welche Aufgabe auch in sozialer Hinsicht! […] Max Bill, einer der wegweisenden Organisatoren und Initiatoren auf dem Gebiet qualitativ hochstehender Serienzeugnisse – seit 1951 Leiter der Hochschule für Gestaltung in Ulm, die aus Mitteln der Geschwister Scholl-Stiftung aufgebaut wird, sagte auf der Jahrestagung des schweizerischen Werkbundes: „Wir sind in die kulturelle Epoche des Maschinenzeitalters noch nicht eingetreten, sondern erst in die zivilisatorische."[18]
JAN BONTJES VAN BEEK

Design ist stets ein Spiegel seiner Zeit und hat zuerst den moderaten Anspruch, den Menschen in ihrem Alltag zu dienen. Nicht selten versucht es aber, die Gesellschaft neu zu ordnen. Denn nicht nur die Form wird als wandlungsfähig betrachtet, sondern auch die Kultur, die daher in die erwünschte Richtung gelenkt werden kann. Die Frage nach unserer Identität ist damit gleichzeitig eine Frage nach unseren materiellen Bedürfnissen.[19] Gerade in der Nachkriegszeit, als allein in Berlin-Mitte und Tiergarten mehr als die Hälfte der Wohnungen zerstört war, forderten die Mitglieder des Deutschen Werkbunds, nicht auf gute Form und Schönheit zu verzichten:

Alle anderen Gebiete des Schaffens, auch das der Architektur haben ein Gemeinsames: Sie sind gebunden an Material, Technik und Gebrauch. […] Aber diese drei Forderungen allein genügen nicht. Es gehört dazu die Frage der Form und das ist dann die Frage der Schönheit und ohne diese wollen wir nicht leben, auch nicht in unserer heutigen Armut.[20]
LILLY REICH

Dem sozialen Anspruch des Bauhauses nach dem Ersten Weltkrieg, die nicht nur materiell in Trümmern liegende Gesellschaft durch eine neue Formgestaltung wieder aufzubauen und ihr somit eine ideelle Zukunft zu ermöglichen, sah sich Bontjes in seiner Rolle beim Wiederaufbau der Lehre an den Kunsthandwerkschulen nach dem Zweiten Weltkrieg verpflichtet. Die faschistische Ideologie, in deren Namen seine Tochter Cato 1943 im Alter von nur 22 Jahren ermordet worden war, war hingegen ein diametral entgegengesetztes Beispiel dafür, welche immense Macht die Gestaltung auf eine Gesellschaft ausüben kann. Und nun war der Krieg zwar

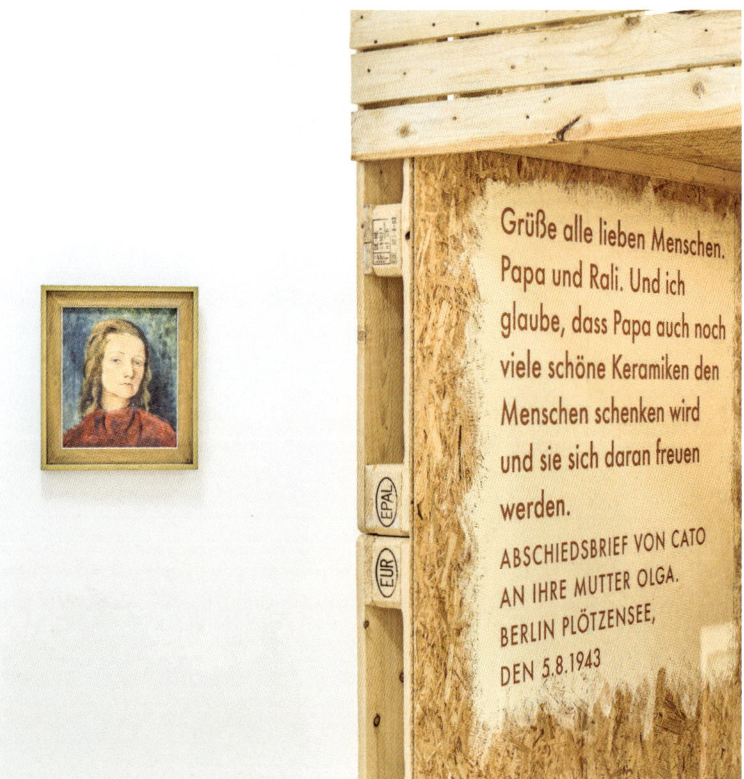

beendet, aber der Nationalsozialismus noch längst nicht überwunden. Doch rief Bontjes am Ende seiner Rede zur Eröffnung des Winterssemesters 1949 / 1950 an der noch provisorisch eingerichteten Hochschule Weißensee zu nichts Geringerem als Versöhnung auf:

Wenn die Hochschule aus der unlängst überwundenen Barbarei keine Kultur mehr vorfindet, so muß sie eine kulturelle Zukunft schaffen. Die Zukunft muss eine Tat sein und sie muß vor allem eine Tat des Geistes sein. Keine Tat kann so groß sein wie die, die Welt zu verschönern und sie dadurch zuletzt zu versöhnen.[21]   JAN BONTJES VAN BEEK

Eine harmonische, sprich: maßvolle Gestaltung, erschwinglich für alle Menschen, war ein wichtiger Beweggrund für seine Serienentwürfe. Diese Kooperation mit der keramischen Industrie wurde von vielen Zeitgenossen jedoch nur als finanzielle Zwangsjacke verstanden – galt in der westdeutschen Keramikszene der Nachkriegszeit doch das Unikat als das Nonplusultra schlechthin. Aber finanzieller Reichtum war ohnehin nicht Bontjes' Lebensziel, und für Hedonismus hatte er nichts als Verachtung übrig. So schrieb er 1965 in einem Brief an den Kunsthistoriker und Kurator Heinz Spielmann unmissverständlich:

Links / left: Olga Bontjes van Beek-Breling: Selbstbildnis, 1943. WVZ OBvB-0036 / Self-portrait, 1943. CR OBvB-0036 (64).

Sie ahnen ja nicht, was dieses Scheißwirtschaftswunder das wegfrisst, was den Menschen zu Menschen macht. Es bleibt der wohlhabende Geistesverstümmelte.[22] JAN BONTJES VAN BEEK

Jan Bontjes van Beeks strenges Verständnis von Proportion und Maß ist somit nicht als reines Gestaltungsdenken zu verstehen, sondern gleichsam als Geisteshaltung. Sehr schlüssig erklärte er sich bereits 1964 dazu:

Das Geheimnis der guten Arbeit liegt in ihrem richtigen Maß. In einer Zeit wie heute, die allgemeingültiges Maß verloren hat, und nicht weiß, ob sie es überhaupt wiedergewinnen will, findet der Künstler das Maß nur aus sich selbst.[23] JAN BONTJES VAN BEEK

MASSLOS

Diese Haltung, das richtige Maß aus sich selbst zu finden, war für ihn eine innere Notwendigkeit. In den schrecklichsten, furchtbarsten Momenten seines Lebens, die er im Allgemeinen als Folgen „der in Unordnung geratenen Welt" bezeichnete, fand er Halt in den Berechnungen von Glasuren oder der Suche nach den richtigen Proportionen.

In der Zelle sitzend und in der Erwartung, dass beim nächsten Türöffnen die Henker kämen, habe er, so erzählte er mir, um sich mit irgendetwas zu beschäftigen, Glasuren berechnet. Keramik war für ihn mehr als ein Handwerk – sie blieb ein Medium seines Lebens.[24] HEINZ SPIELMANN

An Catos Geburtstag, dem 14. November 1943, den sie nicht mehr erleben durfte, schrieb Bontjes an Olga:

Geliebte Olga, heute zum Geburtstag unserer Tochter möchte ich Dir einen lieben Gruß übersenden. […] Olga, ich wünsche Dir so, dass Du über diesen schweren Berg hinübergelangst, diesen Berg, dessen Aufstieg für mich das Schwerste ist, was ich in meinem Leben bis heute zu leisten hatte. Noch bin ich nicht so weit und ich weiß heute noch nicht, ob ich nach Erklimmung dieser Bergspitze den Blick in die Niederungen als eine Realität erkennen werde. Sei versichert, liebe Olga, dass ich mit Dir maßlos leide… Sei in getreuer Liebe umarmt von Deinem alten Jan.[25] JAN BONTJES VAN BEEK

So sind bei Jan Bontjes van Beek Leben und Werk unauflösbar miteinander verflochten. Was für ihn im Leben Gültigkeit besaß, musste sich in der Kunst zwangsläufig verdichten. In seiner Abschiedsrede an der Kunsthochschule Weißensee am 6. Mai 1949, keine sechs Jahre nachdem Cato hingerichtet worden war, macht er öffentlich deutlich, dass Wirken in Kunst und Leben eine Einheit bilden müsse.

Die Substanz, das nicht mehr Fassbare, das, was die heute so aktuelle Existenz trägt, ist das Entscheidende über Dauer oder Vergänglichkeit; sie gibt der Qualität des Werkes erst die Kraft der Wirkung und damit eigentlich erst ihre Wirklichkeit, das was über die Zeit hinausragt und immer von neuem an die Seelen rührt. [...] Was in der Kunst von Wirkung ist und nicht durch die Substanz bewirkt wird, hat keine Wirklichkeit und geht im Meer der Verblassung unter; denn echte Wirkung kommt von der Substanz und wird durch sie erst manifest, d. h. sie erhält durch sie erst ihre eigentliche Wirklichkeit.[26] JAN BONTJES VAN BEEK

Die SED zeigte sich irritiert von Bontjes' Haltung und vermerkte im Protokoll ihrer Referentenbesprechung:

Es wurde beschlossen, den Direktor der Kunsthochschule Weissensee, Bontjes van Beek, sofort seines Amtes zu entheben, aufgrund seiner Ausführungen im Senat, anläßlich der Diskussion über den Faschingsball der Hochschule, wo er feststellte „ich kenne den Faschismus von links und von rechts".[27] ABTEILUNG KULTUR IM ZK DER SED

Nach der Wende stellte sich heraus, dass die Unbeugsamkeit dieses Freigeistes das Regime dermaßen verwirrt hatte, dass es ausreichte, ihn bis zu seiner Pensionierung in Hamburg dauerhaft observieren zu lassen – gleichsam als Retourkutsche. Eine bemerkenswerte Achtsamkeit, wo Bontjes doch nie DDR-Bürger gewesen war. Aus Rache schrieb man ihm Bedeutungslosigkeit zu.

Charakteristik 1950: polit. Bindung an KPD fraglich, „Bontjescher Marxismus" keine Parteizugehörigkeit SED, utopischer Sozialist, Kropotkin-größte revolt. Weißheit [sic!]. Politik besser mit Gefühl, Prototyp des Individualisten (Auszug aus Kaderakte) weiter: vermeidet öffentliche politische Stellungnahme. Erhält Verbindung und Achtung westlicher Kreise. Fachliche Arbeit: resultatlos, nichts Bedeutendes produziert. Auch Unterricht nicht effektiv. Kein Freund der DDR.[28] STASIAKTE JAN BONTJES VAN BEEK

GEWICHT

Der Kunsthistoriker Gottfried Boehm umschrieb zeitgenössische Skulptur einmal als „andere Bilder, nämlich Bilder, die ins Gewicht fallen"[29]. Obwohl es sich bei Bontjes' Œuvre nicht um installative Raumarbeiten handelt, spielt das Gewicht dennoch eine prägende Rolle. Hier zeigt sich auch der bedeutendste Unterschied zur Bauhauskeramik und deren Protagonisten Otto Lindig, dessen Nachfolge er 1960 in Hamburg antrat. Während Lindig das extrem leichte und dünnwandige Gefäß zelebrierte, betonte Bontjes im Gegensatz dazu den bildhauerischen Charakter des Gefäßes durch eine ausgeprägte, souveräne Wandstärke. Die Unikate, die er in Dehme und Hamburg anfertigte, fallen zunehmend ins Gewicht. Seine Erkenntnisse aus der eigenen Entwicklung teilte er direkt mit seiner Klasse an der Hamburger Hochschule.

In meiner Lehrwerkstatt haben wir sehr dünn gedreht, ich konnte wirklich flott drehen. Ich habe dann gleich in der Schule fleißig gedreht und Bontjes kam und nahm den ersten Topf hoch, so richtig, als wenn das nur so ein Topf wäre, der war ganz leicht für ihn und das war ganz furchtbar – dann sagte er mir, ein Topf muss sein wie ein Stein! Da musste ich erst mal alles umlernen. Dann habe ich angefangen schwerer zu drehen, also alles schwerer zu machen. Aber hingeschmissen hat er den Topf nicht.[30]   CHRISTINE ATMER DE REIG

Die Erleichterung, die aus dem letzten Satz spricht, war keinesfalls unbegründet. Denn auf unmissverständliche Art machte Bontjes deutlich, dass nur die gute Form Bestand haben dürfte.

Es gab Studenten, die aus der Lindig-Ära kamen und in Tränen ausbrachen, weil all das, was sie vorher gelernt hatten, jetzt nicht mehr gültig war. […] Es ging so weit, dass Bontjes in seiner spontanen Art mit großen Armbewegungen die Regale leerte. Unter den Regalen standen die Tonkisten, da fielen die ungebrannten Stücke rein und konnten wieder weiter verarbeitet werden. Also mussten wir den Ton erneut anmachen und alle einstampfen. Das war ein Exempel erster Sorte. Das war prägend und das war unser Unterricht.[31]
BARBARA STEHR

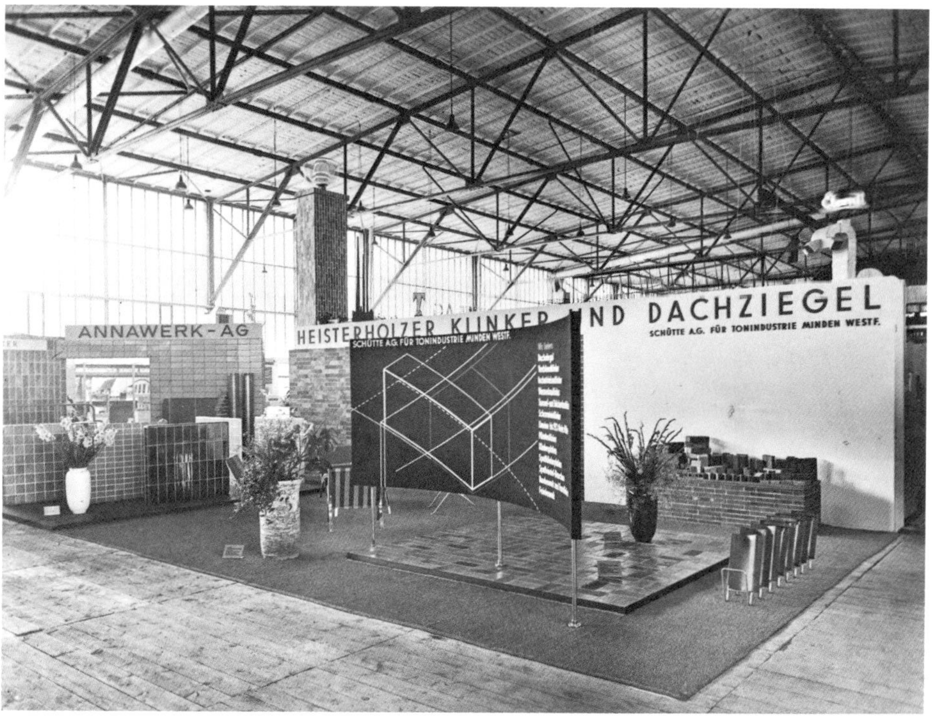

Messestand Firma Schütte AG, Bauausstellung „Constructa", Hannover 1951, gestaltet von Herbert Hirche mit Gefäßen von Jan Bontjes van Beek / Schütte AG trade show booth, *Constructa* building exhibition, Hannover, 1951, designed by Herbert Hirche with vessels by Jan Bontjes van Beek. Photo © Swart, Architektur u. Industriephotographie, Hannover. Sammlung / Collection of Werkbundarchiv – Museum der Dinge, D 4000-404, Nachlass / Estate of Herbert Hirche.

FARBE

Neben der Konzentration auf Körper und Maß war Farbe das dritte Element im Dreiklang von Bontjes Werk. Aus einer Ansprache an die Malerinnung von 1957[32] geht eindeutig hervor, dass er mit Josef Albers' Ideen zur Farbe bekannt gewesen sein muss. Ganz im Sinne von Albers erst später erschienenen Publikation *Interaction of Color* (1963)[33] wies er die Zuhörenden auf die Autonomie der Farbe hin und verdeutlichte darüber hinaus die Wechselwirkung, die Farben untereinander haben. Eine Einladungskarte zur Josef-Albers-Ausstellung, die am 28. Mai 1957 in Kassel eröffnet wurde, befindet sich in Bontjes' Nachlass. In der Innenseite der Einladung ist ein kurzer Text abgedruckt, in dem Albers seine Arbeit erklärt.
Bereits in Fischerhude war Farbe das erste Ziel, das Bontjes zu erreichen versuchte. Es scheint so, als wäre die Entscheidung für die Keramik von der malerischen Qualität der keramischen Farbe motiviert gewesen. Sind die Formen in Fischerhude noch recht einfach und ist von dem späteren Formenkanon hier noch wenig zu spüren, so zeigen die Objekte bereits einen großen Hunger nach Farbe, die in keramischen Glasuren eine beispiellose Dynamik entfalten kann. Nachdem Bontjes das Drehen in Undenheim gelernt hatte, folgte dann auch 1923 eine Weiterbildung im Chemischen Laboratorium für Tonindustrie von Prof. Hermann Seger in Berlin, finanziert vom Kunstkritiker Kurt Hinterlach.

Als Jan zurückkehrte, gelangen die ersten Arbeiten mit reduzierter Flamme. Es war ein Fest, als die erste Kupferglasur ans Tageslicht kam! Nun war es erreicht.[34] OLGA BONTJES VAN BEEK

Ein kleines Notizheft, das sich im Archiv der Familie befindet, belegt, wie groß seine Experimentierfreude war. Unter der Überschrift „Ausgeführte Proben 16. V. 25" sind beispielsweise mehr als 50 unterschiedliche Versuche aufgelistet, die zum Teil fertige Glasuren der Firmen Wenger und Bidtelia betreffen, aber auch eigene Versätze oder Mischungen enthalten.

Silberlüster 2 über Dunkelbraun wird viell. schönes Blau / Silberlüster 2 über P.E.3 wird viell. schönes lila.[35] JAN BONTJES VAN BEEK

Kurznotizen wie diese widerspiegeln den universalen Optimismus aller Keramiker, die immer wieder mit großer Hoffnung neue Versuche in den Ofen geben. Im Nachlass Bontjes befinden sich Rezepte von mehr als 4000 Glasuren, die er an den verschiedenen Arbeitsstätten erprobt hatte.

Die Werke der Fischerhuder Kunstkeramik bestechen vor allem durch ihre Oberflächengestaltung. Ihre sogenannten „Pharao-Lüster"-Glasuren erinnern an die ägyptischen Tänze von Isadora Duncan oder Sent M'Ahesa und passen auch zu Hoetgers exotischen Stilelementen. Die Temperaturen und die schwankenden Resultate der Fischerhuder Öfen waren vor allem für Irdenware geeignet. Ab 1934 stellte Bontjes in Berlin in einem kleinen Muffelofen erste Steinzeugunikate her, ab 1941 kam ein großer Ofen dazu.

Ob Bontjes die Ausstellung *Chinesische Kunst*, die am Jahresanfang 1929 am Pariser Platz in Berlin präsentiert wurde, gesehen hat, ist nicht bekannt. Sicher ist jedoch, dass er 1936 zur *International Exhibition of Chinese Art* nach London reiste, und dass ihn die Exponate nachhaltig prägten. Dank intensiver Studien wurde Bontjes mit der Zeit auch ein beachtlicher Kenner der chinesischen Keramik und vermochte so manchen mit diesem Fachwissen zu beeindrucken.

Bontjes nahm Stück für Stück in die Hand, prüfte die Formen, die Scherben, die Glasuren, den Klang und sprach von den alten Tang- und Sung-Meistern, als habe er erst gestern mit ihnen gearbeitet. Ihre Arbeiten erklärte er mit kunstwissenschaftlicher Akribie, als habe er, wie sein englischer Kollege Bernhard Leach, die ostasiatische Keramik jahrelang an Ort und Stelle studiert. Tatsächlich hatte Bontjes seine Ostasienreise mit dem Plan eines mehrjährigen Aufenthaltes bis zur Schiffskarte fix und fertig vorbereitet, als er aus familiären Gründen im letzten Augenblick darauf verzichten mußte. [...] Doch wer nur einmal die zahllosen, immer wieder verworfenen, immer wieder neu überprüften Form-, Masse- und Glasurenversuche im Keramischen Werk von Dr. Unge-

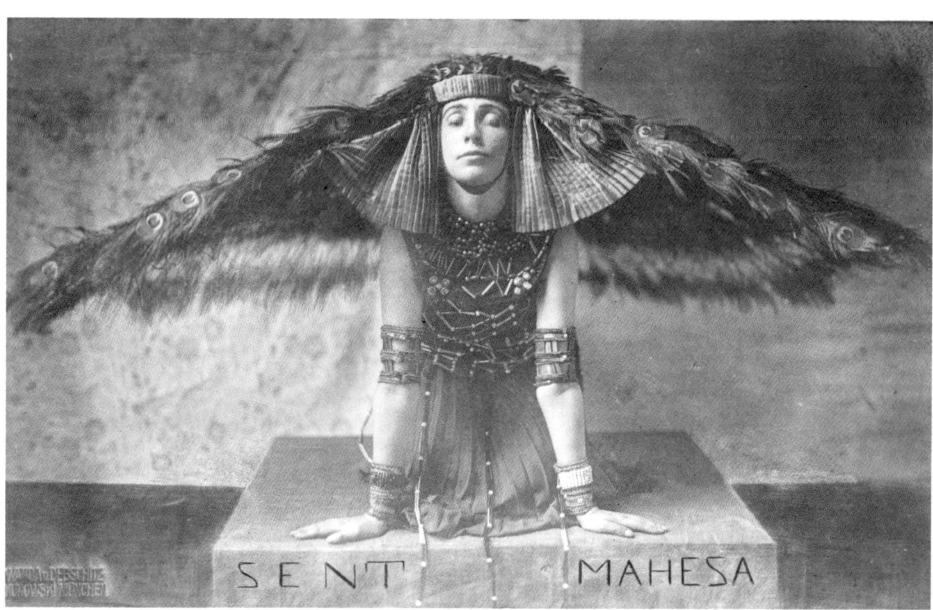

Sent M'ahesa. Photo: Hannes Holdt. © Deutsches Theatermuseum, München / Munich.

wiss in Oeynhausen zu Gesicht bekam, etwa von ihm selbst vor langen Regalen erklärt, der begreift zugleich den Menschen Jan Bontjes van Beek, der dem Aufstand der Massen eine humane und konstruktive Antwort zu geben vermag.[36] FRITZ G. WINTER

Das chinesische Steinzeug und Porzellan bestechen durch fabelhafte Glasuren, die auch Bontjes für seine eigenen Gefäße bevorzugte. Dabei überließ er jedoch nichts dem Zufall. In Hamburg entwickelte er in langen Versuchsreihen eine neue Technik, die ihm reduzierend wirkende Glasuren im besser kontrollierbaren oxidierenden Brand im Elektroofen ermöglichte. So erhielt er die Wirkung ostasiatischer Steinzeugglasuren in einem typisch Bontjes'schen kontrollierten Prozess. Über die bekannten Zuschreibungen wie „Ochsenblutrot", „Hasenfell" oder „Claire de Lune" hinaus krönte er die Farben mit poetischen Neuschöpfungen wie „Caput Mortuum", „Rosenblättchen-Muschelglasur" oder „Morpho Helena".
Von der Farbe Weiß war Bontjes besonders angetan, die sich in einer keramischen Glasur unendlich nuancenreich ausdrücken lässt. Bereits bei der Fischerhuder Keramik gibt es weiß glasierte Objekte, die aus keramischer Sicht manchmal misslungen sein mögen, aber trotzdem aufbewahrt wurden. Als Bontjes sich später mehr der Herstellung von Steinzeug und Porzellan widmete, erweiterte er seinen Horizont auf der Suche nach der Farbe Weiß erheblich. Für Bontjes manifestierte sich in dieser Farbe eine metaphysische und gleichzeitig urmenschliche Wirkung.

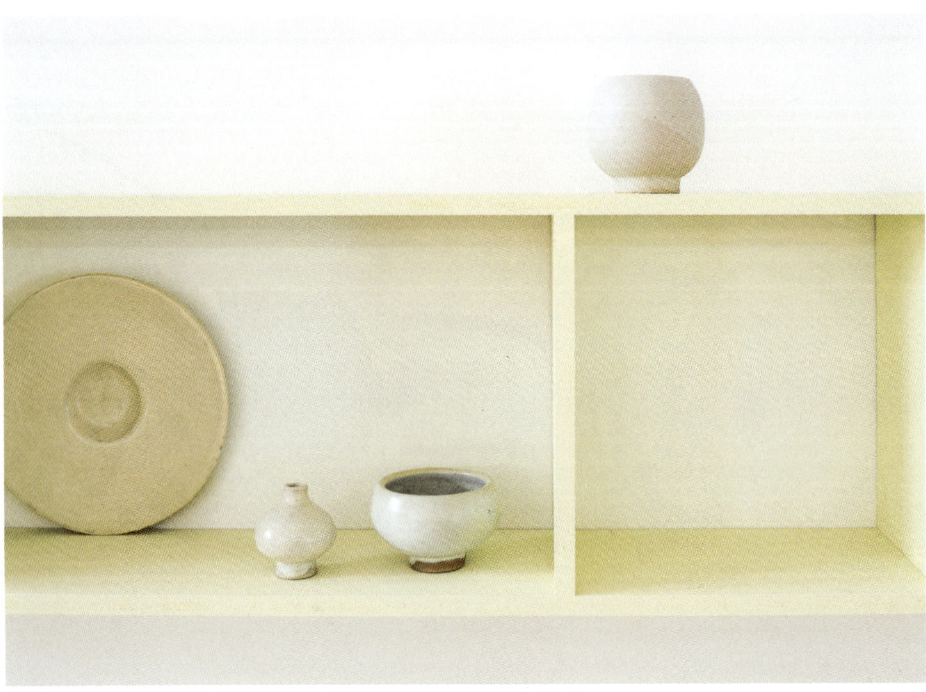

Teller, Väschen, Fußschale / Plate, small vase and footed bowl, Sammlung / Collection of Keramikmuseum Westerwald, Ludwig Rinn, Dr. Vehring (80, 81, 82). Pokal / Cup, Sammlung / Collection of Ludwig Rinn (83).

Das Weiss, die spiegelnde Glanz der Glasur, beflügelt unsere Phantasie, das Licht selbst scheint sich auf dem Weiss gern aufzuhalten. Sollte man dieses köstliche Weiss nicht möglichst von bunten Farben freihalten? Der Zweck der Bemalung kann offenbar nur im Erreichen der „Wirklichkeit" liegen, in den naturnahen „echten Farben", und damit entfernt sich der Gegenstand vom Kunstwerk. – Es geht um die Synthese von Vernunft und Gefühl, um Beherrschung und Vergeistigung der plastischen Form.[37] JAN BONTJES VAN BEEK

Heinz Spielmann wurde Zeuge von Bontjes' kritischer Haltung seinen eigenen Farbversuchen gegenüber:

Bei allen Versuchen war Bontjes sich selbst der unnachgiebigste Kritiker, etwa bei seiner Entwicklung einer dicken, cremig weißen Glasur. Als ich ihn eines Tages besuchte, hatte er einige kleine Probeschalen vor sich, die sein Ideal nach meinem Verständnis voll erfüllten. Mein Lob tat er unwirsch ab – Weiß müsse sein wie Muttermilch (seine Wortwahl war ungleich drastischer); er ließ es zu, dass ich eines der Schälchen kaufte, die anderen warf er in einen Korb mit misslungenen Stücken.[38] HEINZ SPIELMANN

KÖRPER – MASS – FARBE
IN VOLLENDUNG

Für Bontjes waren Glasuren keine bloße Dekoration, sondern die Vollendung des Körpers. Seine Glasuren und Engoben ziehen sich wie eine Haut über die Gefäße und gleiten sinnlich an deren Silhouetten entlang. Die strenge Form hebt die einzigartige Dynamik der keramischen Farbe hervor, die über die scharfen Kanten fließt und in Form dicker Tropfen am Fuß zum Stillstand kommt. So bekommt sogar die Farbe Körperlichkeit. Der Dreiklang aus Körper, Maß und Farbe vereinigt sich auf meisterhafte Weise in den Gefäßen des selbsternannten „keramischen Bildhauers". Bontjes suchte nicht nach Effekten, sondern nach Wirkung. Denn nichts lag ihm in seinem Werk und in seinem Leben ferner als Gleichgültigkeit und Oberflächlichkeit.

Das technisch Vollendete allein ist nicht bereits *eo ipso* auch schön, erst bewusste Gestaltung gibt ihm menschliches Mass und Beseelung.[39] JAN BONTJES VAN BEEK

Das ergreifende Leben von Jan Bontjes van Beek spiegelt Höhen und Tiefen der deutschen Geschichte des 20. Jahrhunderts wider. Wie kein anderer betonte er die Körperlichkeit in der Form und die Dynamik in der Farbe. In bewegten Zeiten suchte er nach dem richtigen Maß für seine Gefäße – und letztlich für sich selbst und die Gesellschaft. Die Substanz seines Werks bleibt somit auch heute ungebrochen wirkungsvoll und aktuell.

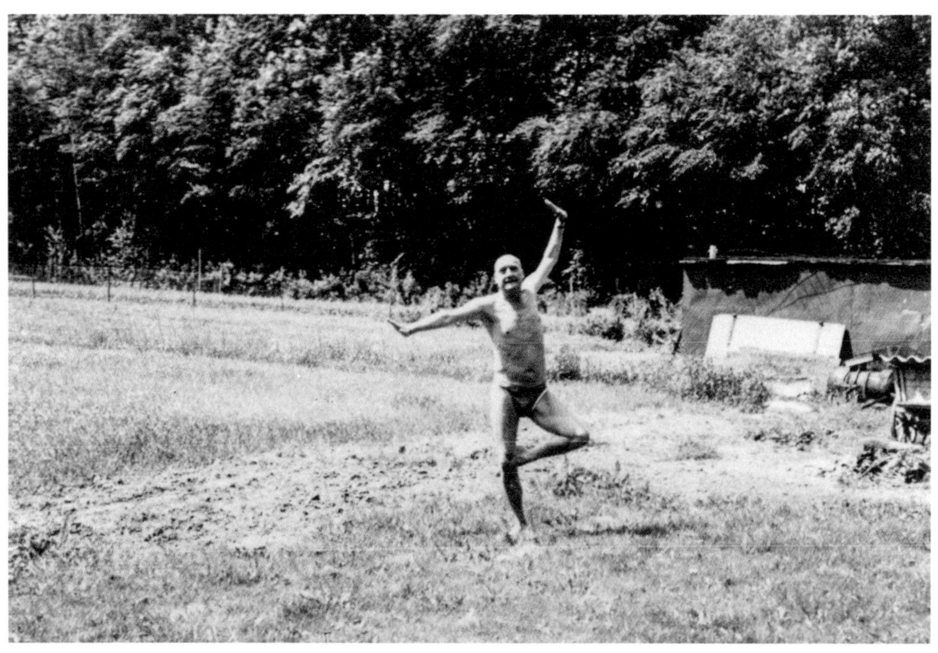

Jan Bontjes van Beek steht Modell für Hermann Stehr, Ahrenlohe, Mai 1964 / Jan Bontjes van Beek posing for Hermann Stehr, Ahrenlohe, May 1964. Privatbesitz / Private collection of Barbara Stehr.

1 Unveröffentlichte Erinnerungen von Olga Bontjes van Beek. Archiv Saskia Bontjes van Beek in Fischerhude. In diesem Beitrag werden sämtliche Zitate in vorliegender Schreibweise übernommen, ungeachtet der Rechtsschreibregeln.

2 Heinrich Vogeler, *Werden. Erinnerungen* (Fischerhude 2018), S. 276; vgl. auch S. 230.

3 Unveröffentlichte Erinnerungen von Olga Bontjes van Beek. Archiv Saskia Bontjes van Beek.

4 Ebenda.

5 Brief von Olga und Jan aus Berlin, 20.9.1919. Archiv Saskia Bontjes van Beek.

6 Unveröffentlichte Erinnerungen von Olga Bontjes van Beek. Archiv Saskia Bontjes van Beek.

7 Jan an Amelie, 30.12.1944. Zitiert nach: Barbara D. Johnson, *Heinrich Breling und seine Töchter*. Bd. II, S. 53 (unveröffentlicht; zurzeit in Arbeit). Manuskript im Archiv Saskia Bontjes van Beek.

8 Erinnerungen von Tim Bontjes van Beek. Zitiert nach: Hans-Peter Jakobson / Volker Ellwanger (Hg.), *Jan Bontjes van Beek* (Jena 1999), S. 193.

9 Brief von Curt Walther an Jan Bontjes van Beek. Deutsches Kunstarchiv im Germanischen Nationalmuseum, Nürnberg.

10 Interview mit Schülern der Meisterschule für das Kunsthandwerk in Berlin, hier Gabi Legène. Zitiert nach: Digne M. Marcovicz, *Töpfe – Menschen – Leben. Berichte zu Jan Bontjes van Beek* (Berlin 2011), S. 85.

11 Erinnerungen von Tim Bontjes van Beek. Zitiert nach: Hans-Peter Jakobson / Volker Ellwanger (Hg.), *Jan Bontjes van Beek* (Jena 1999), S. 193.

12 Jan an Mietje, 14.2.1947. Archiv Saskia Bontjes van Beek.

13 Interview mit Rahel Weisbach. Zitiert nach: Digne M. Marcovicz, *Töpfe – Menschen – Leben. Berichte zu Jan Bontjes van Beek* (Berlin 2011), S. 57.

14 Laudatio von Hans Eckstein für Jan Bontjes van Beek anlässlich des Großen Kunstpreises Berlin 1965. Unveröffentlichtes, von Bontjes korrigiertes Transkript. Deutsches Kunstarchiv im Germanischen Nationalmuseum, Nürnberg.

15 Siehe dazu auch den Beitrag „Zur Villa Olff" in diesem Katalog.

16 Interview mit Rahel Weisbach. Zitiert nach: Digne M. Marcovicz, *Töpfe – Menschen – Leben. Berichte zu Jan Bontjes van Beek* (Berlin 2011), S. 52–53.

17 Vortrag bei der Ausbildungstagung der Malerinnung des Landes Berlin, 24.2.1955. Unveröffentlichtes Transkript. Deutsches Kunstarchiv im Germanischen Nationalmuseum, Nürnberg.

18 Ansprache in der Meisterschule Berlin, 16.3.1953. Deutsches Kunstarchiv im Germanischen Nationalmuseum, Nürnberg.

19 Siehe auch: Beatriz Colomina / Mark Wigley: *Are we Human? Notes on an Archaeology of Design* (Zürich 2016 / 2022).

20 Lilly Reich, ohne Titel [Diskussionspapier zum Wiederaufbau der Schulen für das gesamte Gebiet der Produktion], 2. April 1946, WBA–MDD. Nachlass Herbert Hirche, Konvolut Dokumente 1945 bis 1950, Mappe „Berliner Werkbundgruppe nach 1945". Zitiert nach: Nicola von Albrecht, *Herbert Hirche – Ein Protagonist der deutschen Nachkriegsmoderne* (Berlin 2020), S. 183. Herbert Hirche wurde im Wintersemester 1948/1949 von Bontjes auf einen Lehrstuhl an der Kunsthochschule Weißensee berufen.

21 Jan Bontjes van Beek, 7.10.1949. Zitiert nach: Hans-Peter Jakobson / Volker Ellwanger (Hg.), *Jan Bontjes van Beek* (Jena 1999), S. 192.

22 Aus einem Brief an Heinz Spielmann, 30.8.1965. Zitiert nach: Heinz Spielmann, *Aus der Nähe. Mein Leben mit Künstlern 1950–2000* (Neumünster 2014), S. 74.

23 *Jan Bontjes van Beek* (Hetjens Museum, Düsseldorf 1978), S. 18.

24 Heinz Spielmann, *Aus der Nähe. Mein Leben mit Künstlern 1950–2000* (Neumünster 2014), S. 69.

25 Brief von Jan an Olga, 14.11.1943. Zitiert nach: Cato Bontjes van Beek / Hermann Vinke (Hg.), *„Leben will ich, leben, leben." Die junge Frau, die gegen die Nazis kämpfte und ihr Leben ließ* (München 2020), S. 216.

26 Abschiedsrede an der Kunsthochschule Weißensee am 6.5.1949. Deutsches Kunstarchiv im Germanischen Nationalmuseum, Nürnberg.

27 Abteilung Kultur im ZK der SED, Referentenbesprechung der Abteilung mit dem Volksbildungsministerium, 4.2.1950. Zitiert nach: Hiltrud Ebert, *Drei Kapitel Weißensee. Dokumente zur Geschichte der Kunsthochschule Berlin Weißensee 1946 bis 1957* (Berlin 1996), S. 129.

28 Stasi-Akte von Jan Bontjes van Beek. Archiv Saskia Bontjes van Beek.

29 Gottfried Boehm, Das spezifische Gewicht des Raumes. In: *Topos Raum. Die Aktualität des Raumes in den Künsten der Gegenwart* (Berlin 2004), S. 33.

30 Interview mit Christine Atmer de Reig. Zitiert nach: Digne M. Marcovicz, *Töpfe – Menschen – Leben. Berichte zu Jan Bontjes van Beek* (Berlin 2011), S. 135.

31 Interview mit Barbara Stehr. Zitiert nach: Digne M. Marcovicz, *Töpfe – Menschen – Leben. Berichte zu Jan Bontjes van Beek* (Berlin 2011), S. 97.

32 Ansprache auf der Ausbildungstagung der Malerinnung Berlin, 19.11.1957. Unveröffentlichtes Transkript. Deutsches Kunstarchiv im Germanischen Nationalmuseum, Nürnberg.

33 Vgl. Josef Albers, *Interaction of Color. Grundlegung einer Didaktik des Sehens* (Köln 1970).

34 Unveröffentlichte Erinnerungen von Olga Bontjes van Beek. Archiv Saskia Bontjes van Beek.

35 Notizheft von Jan Bontjes van Beek. Archiv Saskia Bontjes van Beek.

36 Fritz G. Winter, Begegnungen. In: *Krefelder Werkhefte*, Heft 3, 1967, S. 4.

37 Jan Bontjes van Beek, *Porzellan als Kunstwerk*. Unveröffentlichtes Manuskript. Deutsches Kunstarchiv im Germanischen Nationalmuseum, Nürnberg.

38 Heinz Spielmann, *Aus der Nähe. Mein Leben mit Künstlern 1950–2000* (Neumünster 2014), S. 69.

39 Ansprache in der Meisterschule Berlin, 16.3.1953. Deutsches Kunstarchiv im Germanischen Nationalmuseum, Nürnberg.

ZUR VILLA OLFF

Sebastian Jacobi / Nele van Wieringen

Hamburg Eppendorf, Bebelallee 18 (heute Konsulat der Islamischen Republik Iran)
Erbaut: 1924–1926
1928: erster Umbau
1931: zweiter Umbau
Architekt: Fritz Höger (1877–1949)
Bauherren: Hans & Grete Olff (1884–1966 und 1894–1976)

Einige der Möbel und Keramiken, die wir in dieser Ausstellung zum Werk von Jan Bontjes van Beek zeigen und die z.T. auch in dieser Publikation präsentiert werden, standen einst in der Villa Olff in Hamburg. Die Inneneinrichtung dieser Villa steht exemplarisch für die bedeutende Rolle der zahlreichen Sammler, dank deren finanzieller und ideeller Unterstützung das künstlerische Schaffen von Jan Bontjes van Beek überhaupt ermöglicht und gleichsam für die Nachwelt gesichert werden konnte.

Der Hamburger Fruchthändler Hans Olff und seine Frau Grete, geb. Werner, gehörten seit den Anfängen in Fischerhude bis in die 1950er-Jahre zu den großen Förderern von Jan Bontjes van Beek. Über eine Freundschaft zu Heinrich Vogeler lernten sie in Worpswede Olga Breling und so auch Jan Bontjes kennen und kauften von beiden Werke an. Neben einer bemerkenswerten Kunst- und Keramiksammlung entstand über die Zeit hinweg auch eine herzliche Freundschaft.

Das Besondere an der Sammlung des Ehepaars Olff ist, dass sie neben Werken von Jan und Olga auch Möbel von Jans zweiter Ehefrau, der Innenarchitektin Rahel Weisbach, umfasste.
Nach den umfangreichen Umbauten der Villa in den Jahren 1928 und 1931 erwarb das Ehepaar verschiedene Möbelstücke im Stil des Dessauer Bauhauses. Leider existieren über die Urheber dieser Einzelanfertigungen keine Unterlagen. Ab 1933 kamen dann auch die sogenannten „Kacheltische" hinzu. Sie sind in einer Kooperation von Bontjes mit Rahel Weisbach entstanden, die zunächst als Innenarchitektin im Büro von Erich Mendelsohn (1887–1953) und anschließend bei Martin Elsässer (1884–1957) tätig war.

Die Tische erinnern stark an Entwürfe von Ludwig Mies van der Rohe (1886–1969). Er war wie Mendelsohn Mitglied der Berliner Architektenvereinigung „Der Ring" und von 1930 bis 1933 Direktor des Bauhauses in Dessau, anschließend in Berlin. In der von Elsässer entworfenen Reemtsma-Villa in Hamburg-Altona befanden sich ähnliche Möbel. Rahel Weisbach war hier für die Inneneinrichtung verantwortlich und integrierte verschiedene Entwürfe von Mies van der Rohe. Es ist zudem anzunehmen, dass die beiden sich auch persönlich begegnet sind. Sicherlich wird sie auch seine Lebensgefährtin und Mitarbeiterin Lilly Reich (1885–1947) gekannt haben. Sie ist nach dem neuesten Forschungsstand für zahlreiche Möbelentwürfe von Mies verantwortlich oder sogar deren Urheberin.

Lilly Reich war 1934 für die Bereiche Glas und Keramik der Ausstellung Deutsches Volk – Deutsche Arbeit auf dem Ausstellungsgelände Kaiserdamm in Berlin verantwortlich, in unmittelbarer Nähe des Wohnhauses der Familie Bontjes. Bontjes und Reich dürften sich spätestens nach dem Krieg bei ihren Tätigkeiten für den Deutschen Werkbund kennengelernt haben.

Eine mögliche Kooperation zwischen Rahel Weisbach und Ludwig Mies van der Rohe oder Lilly Reich ist allerdings zum gegenwärtigen Zeitpunkt noch nicht belegbar.

Das Ehepaar Olff erwarb 1935 auf der Berliner Garten-Ausstellung *Sommerblumen am Funkturm* einen „Coffee table" mit schwarzen Fliesen, der auch hier in der Ausstellung und auf Seite 25 im englischsprachigen Teil dieses Kataloges gezeigt wird.

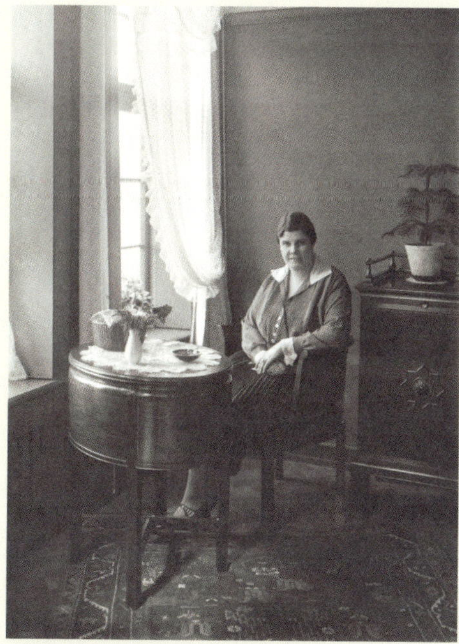
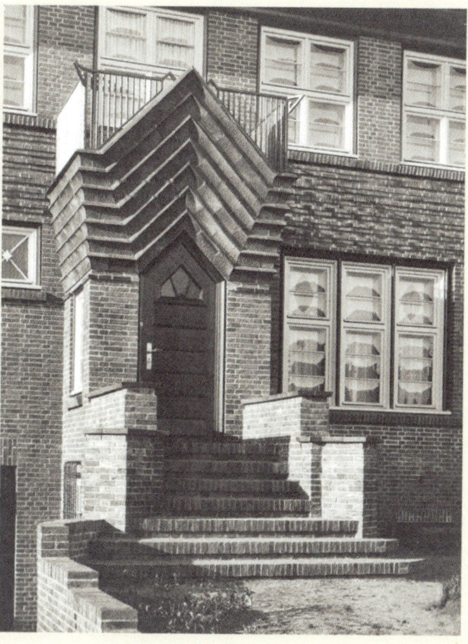

Grete Olff und Villa Olff, um 1925 / Grete Olff and the Olff Villa ca. 1925. Sammlung Familie Werner / Werner family collection.

BIOGRAFIE

JUGEND / FISCHERHUDE

18.1.1899	Geboren in Vejle, Dänemark, als fünftes Kind des niederländischen Schiffs-ingenieurs Eduard Bontjes van Beek und Cato ter Molen
1905–1915	Familie Bontjes lebt in Uerdingen am Niederrhein, wo der Vater in der chemischen Industrie arbeitet
1915–1919	Freiwilliger Marinedienst bei der III. Matrosen-Artillerie Abt. Lehe in Bremer-haven, Cuxhaven, Wilhelmshaven und Emden Überlieferte Teilnahme am Matrosenaufstand
1919	Worpswede, Barkenhoff-Kommune von Heinrich Vogeler, wo er im Haus von Bernhard Hoetger die Ausdruckstänzerin Olga Breling kennenlernt Tanztourneen mit Olga und Sent M'Ahesa
6.4.1920	Eheschließung mit Olga Breling, Wohnsitz Fischerhude
14.11.1920	Geburt Cato
1920–1921	Freie Arbeiten in Malerei, Plastik, Keramik, Musikkompositionen für Kunsttanz sowie als „Unterpfleger für kulturgeschichtliche Bodenaltertümer" Töpferlehre bei Valentin Frank, Undenheim in Rheinhessen
6.5.1922	Geburt Mietje
Nov. 1922	Bau des ersten Brennofens; gemeinsame Werkstatt „Fischerhuder Kunst Keramik" mit Amelie Breling
1923	Studium im Chemischen Laboratorium für Tonindustrie von Prof. Hermann Seger, Berlin, finanziert vom Kunstkritiker Kurt Hinterlach
März 1923	Bau des zweiten Brennofens
25.8.1923	Geburt Tim
1925	Bau des dritten Brennofens und Erweiterung der Werkstatt
1927	Teilnahme mit Fischerhuder Kunst Keramik an der Ausstellung *Europäisches Kunstgewerbe*, mit der der Neubau des Grassimuseums am Johannisplatz, Leipzig, eröffnet wurde
1928–1932	Studienreisen nach Prag, Raudnitz a. d. Elbe, Sèvres, Chartres, Paris

BERLIN

1932	In Hamburg lernt Jan durch Grete Olff die Innenarchitektin Rahel Weisbach kennen, die dort als Bauleiterin des Hauses Reemtsma tätig ist Gestaltung Apsis im Kirchenneubau Berlin-Wilmersdorf im Auftrag von Fritz Höger
1931–1933	Cato lebt bei Jans Schwester in Amsterdam
1932–1933	Jan lebt und arbeitet in Velten
1933	Eheschließung mit Rahel Weisbach Gründung Werkstatt in Berlin-Charlottenburg, Tegeler Weg 14 Mitarbeitende, wovon 10 jüdisch, darunter Hanna Charag-Zuntz und Valerie Jorud
17.10.1934	Geburt Digne
1934	Erste Unikate aus Steinzeug
1935	Berufsverbot für Rahel Weisbach
1935–1941	Teilnahme an den Grassimessen
17.3.1936	Geburt Jan Barent
1936	Studienreise zur *International Exhibition of Chinese Art*, London Ausstellung mit Henry Moore in Leicester Galleries, London
Jan.–Aug. 1937	Cato arbeitet als Au-pair im Englischen Winchcombe und nimmt Flugunterricht
1937/1941	Forschungsarbeit in den Töpfereien Reinwald und Greulich in Naumburg am Queis, heute Nowogrodziec, Polen
4.7.1939	Geburt Sebastian

1937–1942	Cato arbeitet in Berlin in der Werkstatt und schließt eine kaufmännische Lehre in Bremen ab
20.9.1942	Verhaftung Jan und Cato durch die Gestapo
22.12.1942	Entlassung Jan aus dem Spandauer Strafgefängnis
5.8.1943	Hinrichtung Cato in Plötzensee, Berlin
23.11.1943	Werkstatt wird bei einem Bombenangriff völlig zerstört
1943–1945	Rahel lebt mit den Kindern in Schreiberhau, heute Szklarska Poręba, Polen
1.1.–30.6.1944	Keramikdozent für die Deutsche Arbeiter Front im Reserve-Lazarett Vlašim, heute Tschechien Im selben Jahr Soldat an der Ostfront
Sept. 1944	Einberufung in die Kriegsmarine, Küstenkommando in Bohnsack bei Danzig
13.4.1945	Geburt Julia in Schreiberau
1945	Gefangenschaft in Ragnit bei Tilsit, Ostpreußen, heute zu Kaliningrad, Russland, gehörend
Sept. 1945	Rückkehr nach Berlin, Vereinigung mit der Familie

BERLIN / DEHME

1945–1946	Zusammenarbeit mit dem Bildhauer Prof. Karl Hartung
1946–1950	Teilnahme an Ausstellungen in der Galerie Gerd Rosen, Berlin
1.5.1946	Beginn Lehrtätigkeit an der Kunsthochschule Weißensee, Berlin
15.6.1947	Ernennung zum Professor
1.10.1947	Berufung zum Direktor
1948–1949	Während der Blockade Berlins lebt Rahel mit den Kindern in London bei ihren Brüdern und ehemaligen jüdischen Mitarbeitern der Werkstatt
16.5.1949	Abschiedsrede an der Kunsthochschule Weißensee
6.1.1951	Offizielle rückwirkende Kündigung durch das Ministerium für Volksbildung der DDR
1950–1953	Aufbau einer Keramikproduktion in Serienfertigung für Dr. Ing. Alfred Ungewiss, Keramisches Werk Dehme, Ostwestfalen
1953	Entwürfe für Rosenthal, Selb in Bayern
1953–1958	Direktor der Meisterschule für das Kunsthandwerk in Berlin-Charlottenburg
1954–1960	Im Vorstand des Deutschen Werkbundes
1953–1967	Während der Semesterferien Herstellung von Unikaten, sowie Leiter der Abteilung II der Keramischen Werkstätten Dr. Ing. Alfred Ungewiss in Dehme
1958	Jurymitglied für die deutsche Beteiligung an der Weltausstellung Brüssel
13.10.1958	Die Studentenvertretung ASTA legt Beschwerde gegen die beabsichtigte Kündigung des Direktors Bontjes van Beek ein
15.3.1960	Auflösung Arbeitsverhältnis an der Meisterschule Berlin

DEHME / HAMBURG

1.10.1960	Berufung an die Hochschule für Bildende Künste Hamburg als Nachfolger von Otto Lindig
1960	Mitglied des Deutschen Kunstrates
1964	Berufung zum Mitglied der Akademie der Künste, Berlin
24.9.–31.10.1964	Ausstellung *Jan Bontjes van Beek, das keramische Werk* Die Neue Sammlung München
1965	Großer Kunstpreis der Stadt Berlin Berufung in die Académie Internationale de la Céramique, Schweiz
1966	Ende Lehrtätigkeit Hamburg und Rückkehr nach Berlin
16.7.1967	Tod Sebastian
1967	Letzte Arbeiten in Dehme
1968	Einladung als Stipendiat der Deutschen Akademie Villa Massimo in Rom aus gesundheitlichen Gründen abgesagt
5.9.1969	Jan Bontjes van Beek stirbt in Berlin

BIBLIOGRAFIE

Albers, Josef: *Interaction of Color. Grundlegung einer Didaktik des Sehens.* DuMont Schauberg (Köln 1970).

Albrecht, Nicola von: *Herbert Hirche – Ein Protagonist der deutschen Nachkriegsmoderne.* Diss. Universität der Künste Berlin 2017 (Berlin 2020).

Archiv Saskia Bontjes van Beek, Fischerhude.

Ausstellung *Europäisches Kunstgewerbe 1927,* 6. März bis 15. August im Grassimuseum an der Johanniskirche, Eingang Hospitalstraße 3a. Städtisches Kunstgewerbe-Museum zu Leipzig (Leipzig 1927).

Boehm, Gottfried: Das spezifische Gewicht des Raumes. Temporalität und Skulptur. In: *Topos Raum. Die Aktualität des Raumes in den Künsten der Gegenwart,* Hg. von Akademie der Künste (Nürnberg 2006, 2. Aufl.), S. 31–41.

Bontjes van Beek, Cato / Vinke Hermann (Hg.): *„Leben will ich, leben, leben." Die junge Frau, die gegen die Nazis kämpfte und ihr Leben ließ* (München 2020).

Colomina, Beatriz / Wigley, Mark: *Are we Human? Notes on an Archaeology of Design* (Zürich 2016/2022).

Deutsches Kunstarchiv im Germanischen Nationalmuseum, Nürnberg.

Ebert, Hiltrud (Hg.): *Drei Kapitel Weißensee. Dokumente zur Geschichte der Kunsthochschule Berlin-Weißensee 1946 bis 1957* (Berlin 1996).

Jakobson, Hans-Peter / Ellwanger, Volker (Hg.): *Jan Bontjes van Beek, Keramiker 1899–1969* (Jena 1999).

Jan Bontjes van Beek: Das keramische Werk. Ausst.-Kat. Die neue Sammlung, München, 24. September bis 31. Oktober 1964. Bearb. von Hans Eckstein (München 1964).

Jan Bontjes van Beek 1899–1969. Ausst.-Kat. Hetjens-Museum, Düsseldorf, 1. März bis 30. April 1978. Bearb. von Bernhard Braumann (Berlin 1978).

Johnson, Barbara D.: *Heinrich Breling und seine Töchter.* Aus dem Englischen von Saskia Bontjes van Beek Bd. I (Fischerhude 2021), Bd. II (in Vorbereitung).

Olga Bontjes van Beek – Das malerische Werk. Ausst.-Kat. Kunstverein Fischerhude in Buthmanns Hof, 12. Januar bis 1. Juni 2025. Bearb. von Ron Manheim und Saskia Bontjes van Beek (Fischerhude 2025).

Meller-Marcovicz, Digne: *Töpfe – Menschen – Leben. Berichte zu Jan Bontjes van Beek* (Berlin 2011).

Scherpe, Richard / Winter, Fritz G. (Hg.): *Jan Bontjes van Beek. Krefelder Werkhefte,* 3 (Krefeld 1967).

Spielmann, Heinz: *Aus der Nähe. Mein Leben mit Künstlern 1950–2000* (Neumünster 2014), S. 67–76.

Theis, Heinz-J. (Hg.): *Bontjes – Aspekte.* Ergänzendes Begleitheft zur Ausstellung *Jan Bontjes van Beek, Keramiker 1899–1969,* Große Orangerie Schloss Charlottenburg, 1. August bis 26. September 1999 (Eigenverlag Keramik Museum Berlin 1999).

Vogeler, Heinrich: *Werden. Erinnerungen. Mit Lebenszeugnissen aus den Jahren 1923–1942.* Hg. von Manfred Bruhn (Fischerhude 2018).

Winter, Fritz G., Begegnungen. In: *Krefelder Werkhefte,* 3 (Krefeld 1967), S. 2–7.

Zur weiteren Vertiefung / For further information

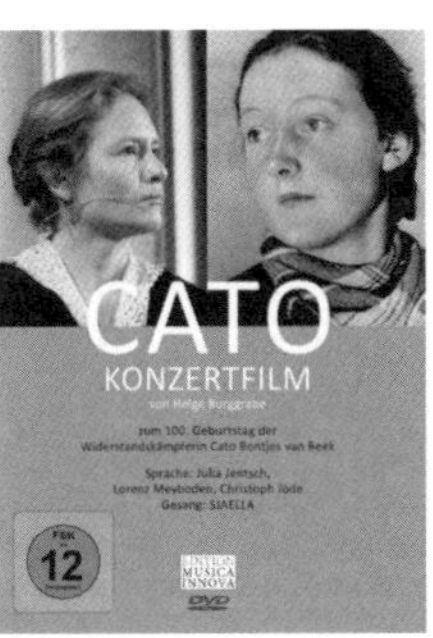

https://burggrabe.de/shop/
h-burggrabe-cato-bontjes-van-beek/

IMPRESSUM

© 2025 Kreisverwaltung des Westerwaldkreises, Montabaur; arnoldsche Art Publishers,
Stuttgart und die Autoren / and the authors.

HERAUSGEBER / PUBLISHER
Westerwaldkreis, Kreisverwaltung,
Peter-Altmeier-Platz 1, 56410 Montabaur

AUTOREN / AUTHORS
Dr. Nele van Wieringen, Sebastian Jacobi

ÜBERSETZUNG / TRANSLATION
Krister G. E. Johnson

LEKTORAT / EDITING
Dr. Rengenier Rittersma
Annette Zeischka-Kenzler

AUSSTELLUNGSKONZEPTION /
EXHIBITION DESIGN
Sebastian Jacobi

GRAFISCHE GESTALTUNG /
GRAPHIC DESIGN
Silke Nalbach, Mannheim

DRUCK / PRINTER
Schleunungdruck GmbH, Marktheidenfeld

PAPIER / PAPER
Juwel Offset, 150 g/qm

BIBLIOGRAFISCHE INFORMATION DER
DEUTSCHEN NATIONALBIBLIOTHEK
Die Deutsche Nationalbibliothek verzeichnet
diese Publikation in der Deutschen Nationalbibliografie; detaillierte bibliografische Daten
sind im Internet über www.dnb.de abrufbar.

BIBLIOGRAPHIC INFORMATION PUBLISHED
BY THE DEUTSCHE NATIONALBIBLIOTHEK
The Deutsche Nationalbibliothek lists this
publication in the Deutsche Nationalbibliografie;
detailed bibliographic data are available on the
Internet at www.dnb.de.

BEZUGSQUELLEN / DISTRIBUTION
Keramikmuseum Westerwald, Verlag der
Museen des Westerwaldkreises,
Peter-Altmeier-Platz 1, 56410 Montabaur
ISBN 978-3-9824439-4-2

arnoldsche Art Publishers, Stuttgart
ISBN 978-3-89790-752-2

BILDNACHWEIS / PHOTO CREDITS
Helge Articus, Höhr-Grenzhausen
Umschlag, Deutscher Text Seite 10, 14, 20,
30–41, 44–53, English text page 7, 9, 22

© VG Bild-Kunst, Bonn 2025 für / for: Herbert
Bayer, Plakat Ausstellung „Europäisches
Kunstgewerbe" / *European Applied Arts* poster
exhibition, Grassi Museum, Leipzig

FÖRDERER / SPONSORS
Kultursommer Rheinland-Pfalz
Museumsverband Rheinland-Pfalz

Made in Germany, 2025

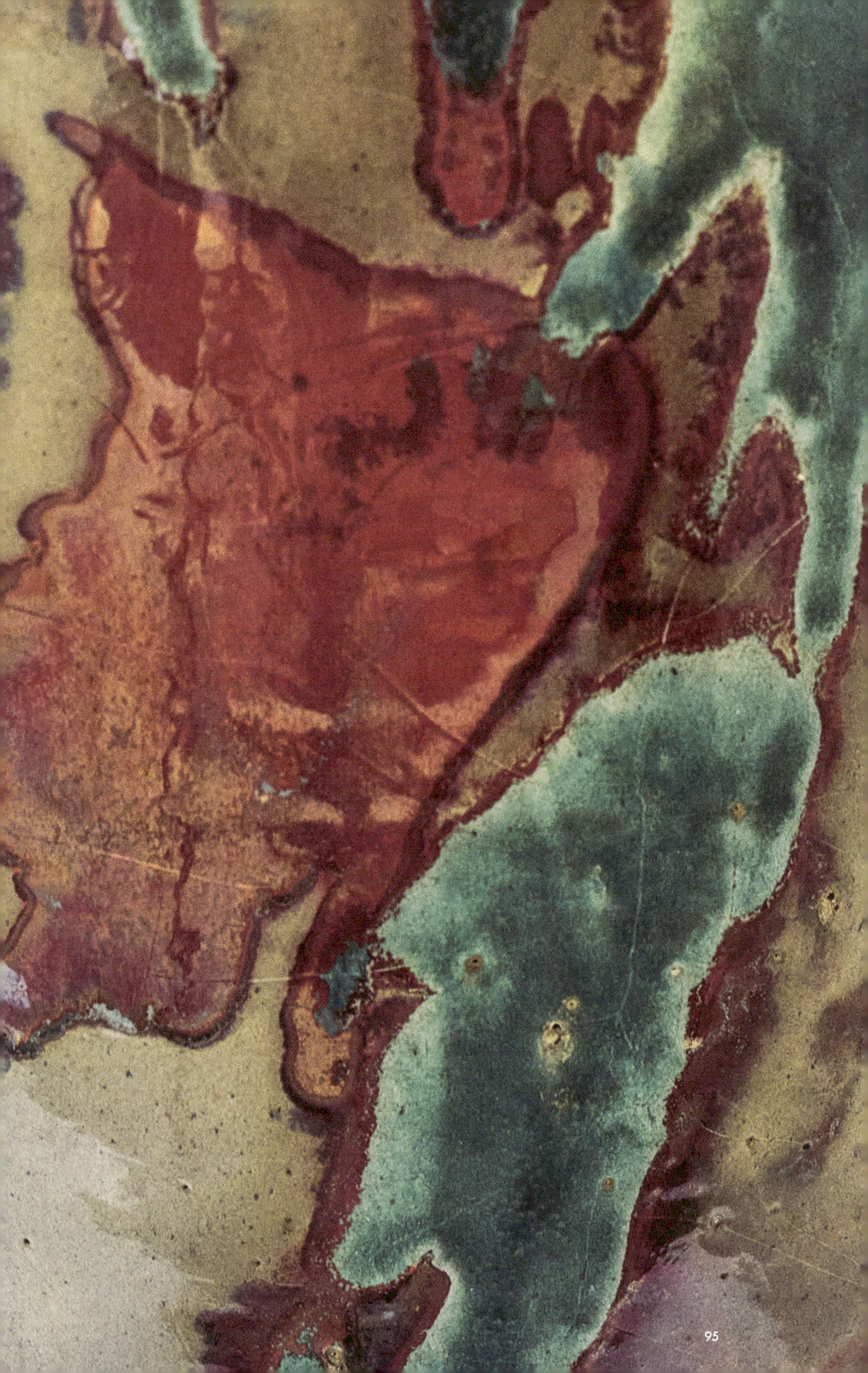

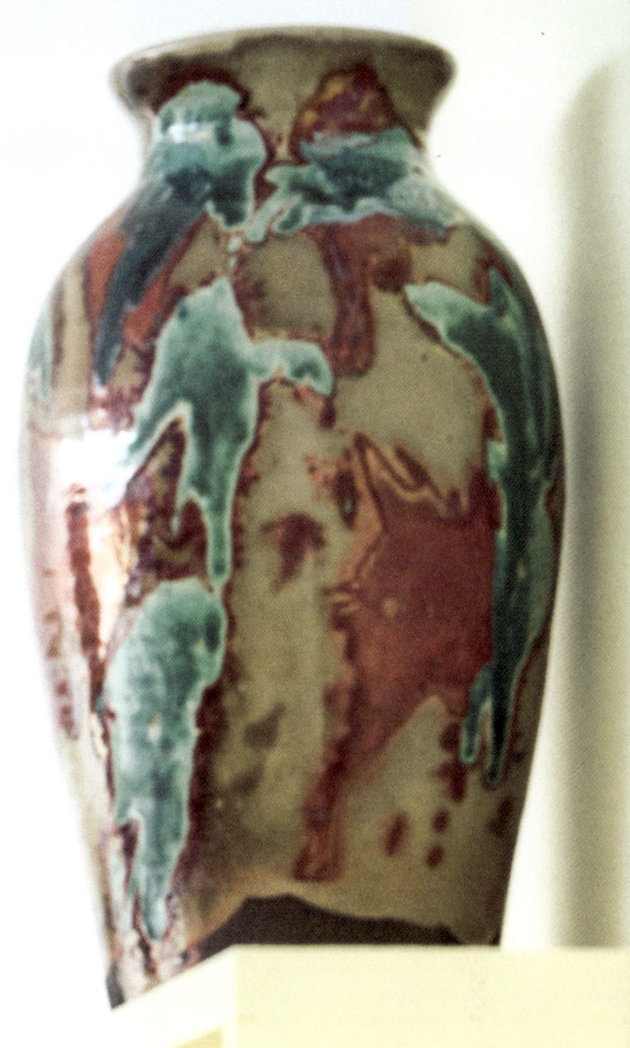

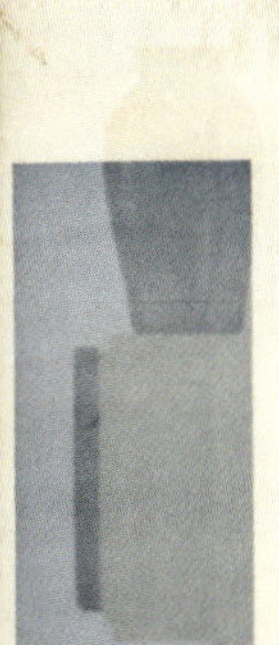

Die Nummern beziehen sich
auf die Präsentation der
Objekte in der Ausstellung.
Die zugehörigen Legenden
finden sich auf den Seiten
42–43.

The numbers refer to the
presentation of the objects
in the exhibition.
The corresponding
descriptions can be found
on pages 42–43.

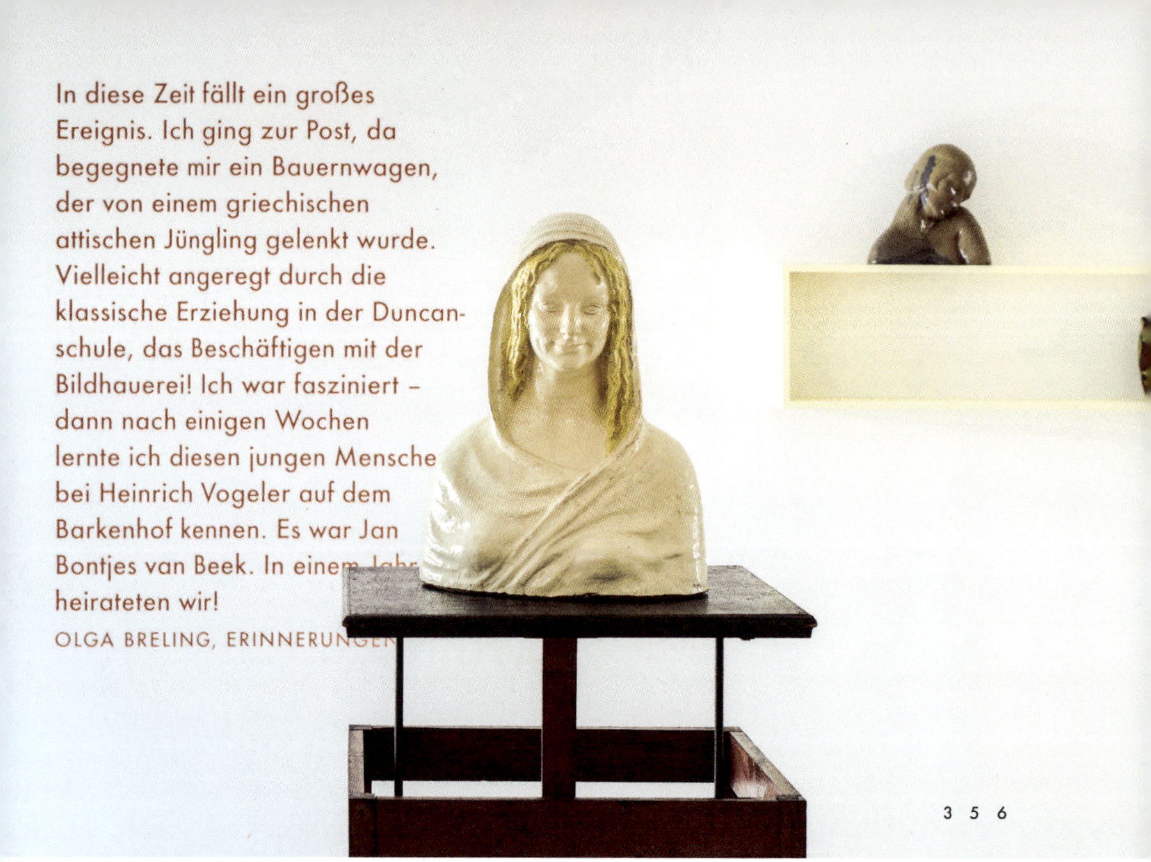

In diese Zeit fällt ein großes
Ereignis. Ich ging zur Post, da
begegnete mir ein Bauernwagen,
der von einem griechischen
attischen Jüngling gelenkt wurde.
Vielleicht angeregt durch die
klassische Erziehung in der Duncanschule, das Beschäftigen mit der
Bildhauerei! Ich war fasziniert –
dann nach einigen Wochen
lernte ich diesen jungen Mensche
bei Heinrich Vogeler auf dem
Barkenhof kennen. Es war Jan
Bontjes van Beek. In einem Jahr
heirateten wir!

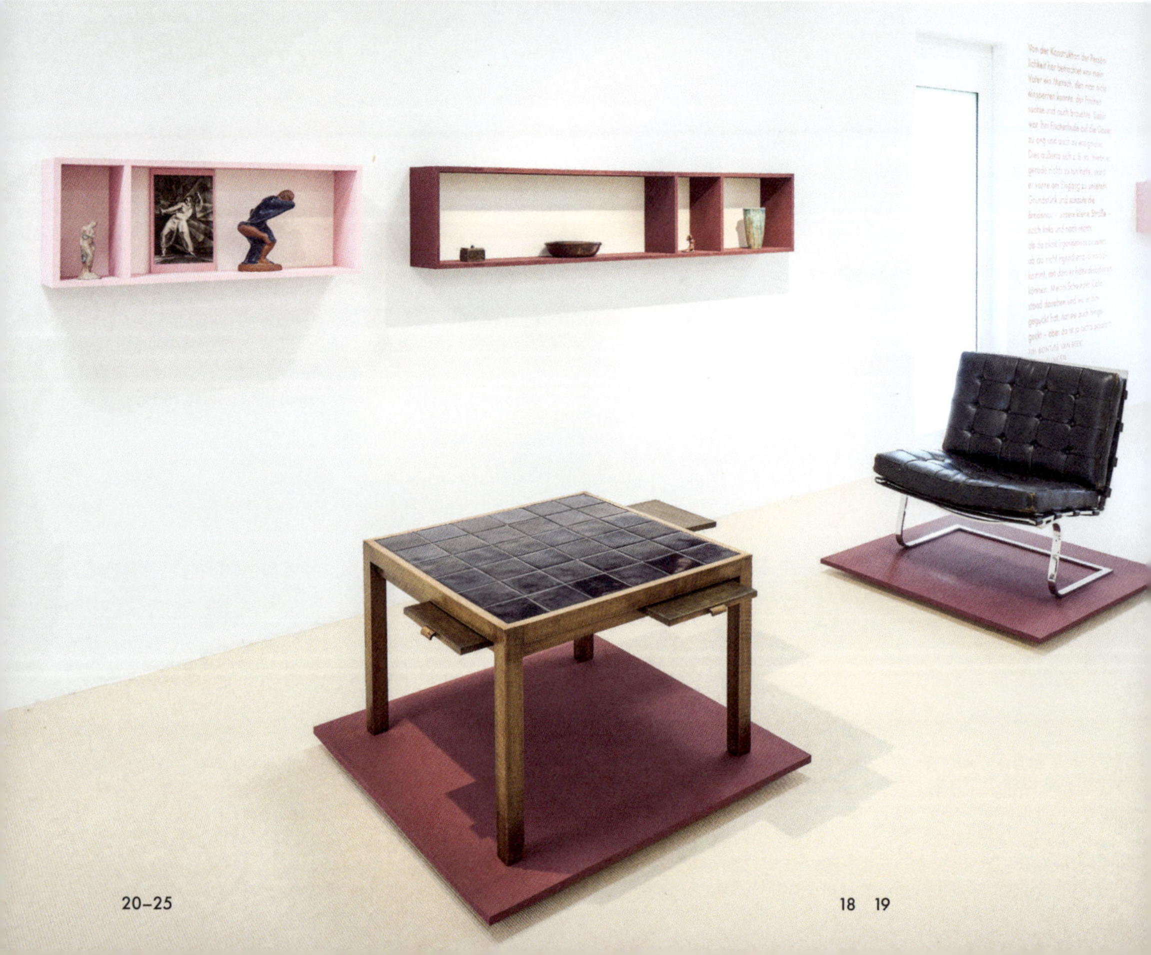

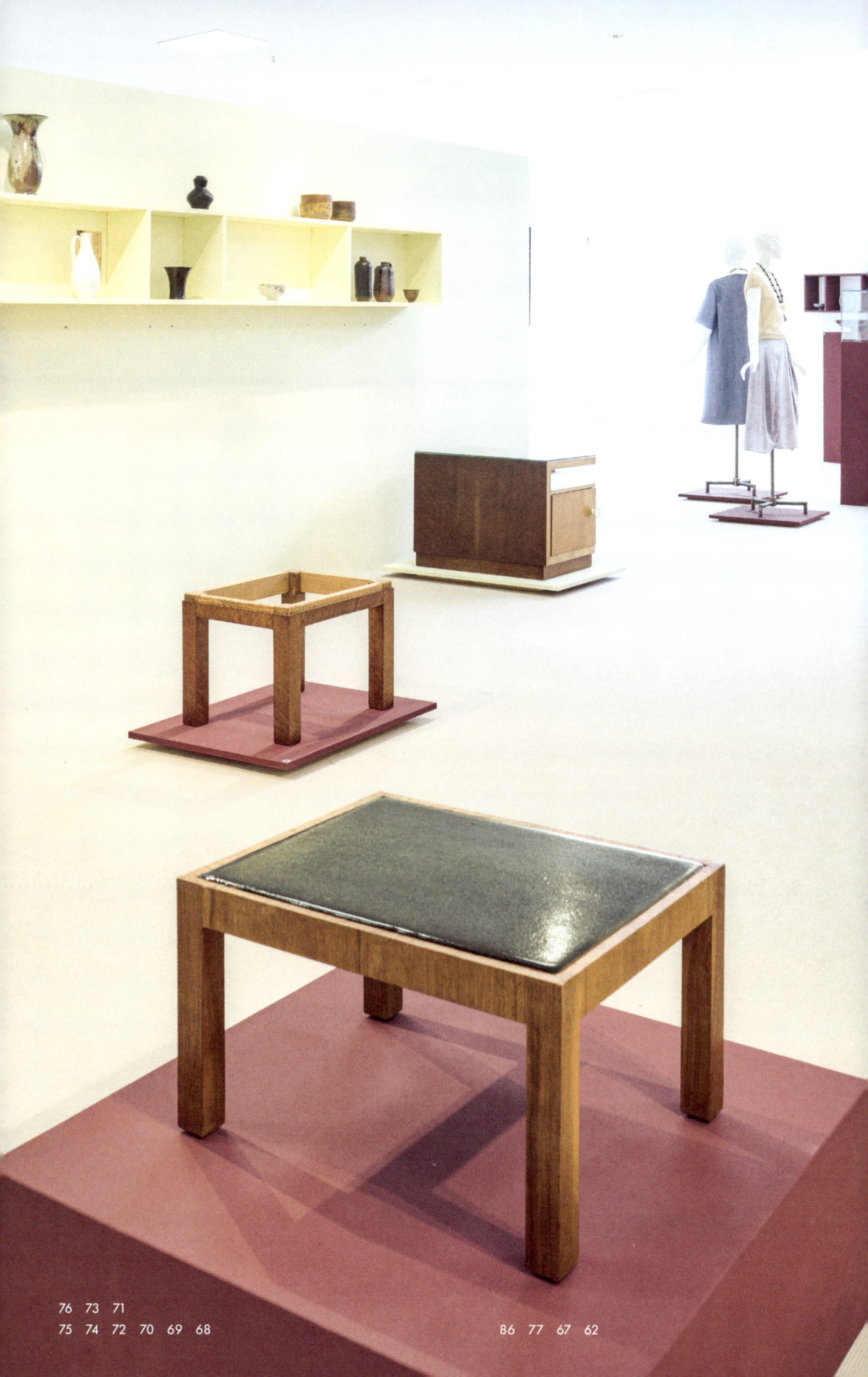

76 73 71
75 74 72 70 69 68
86 77 67 62

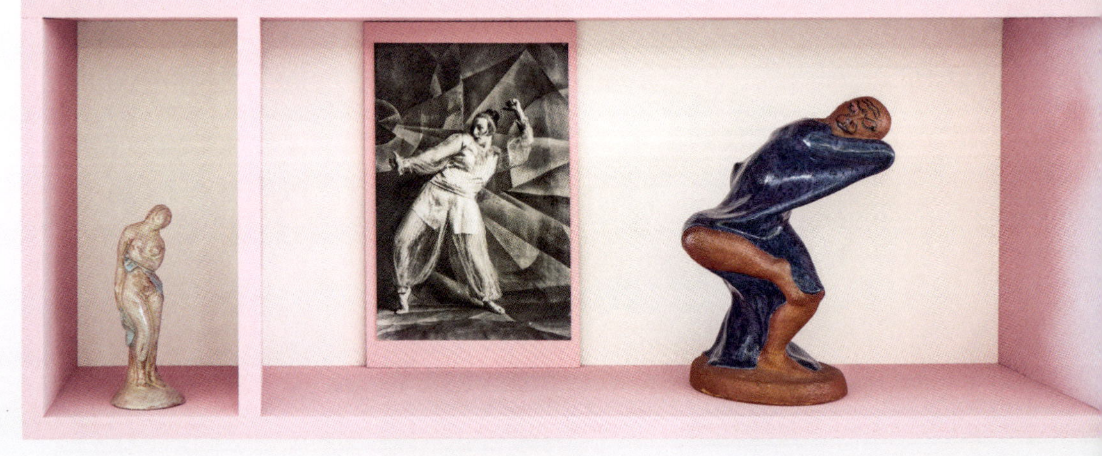

20 21

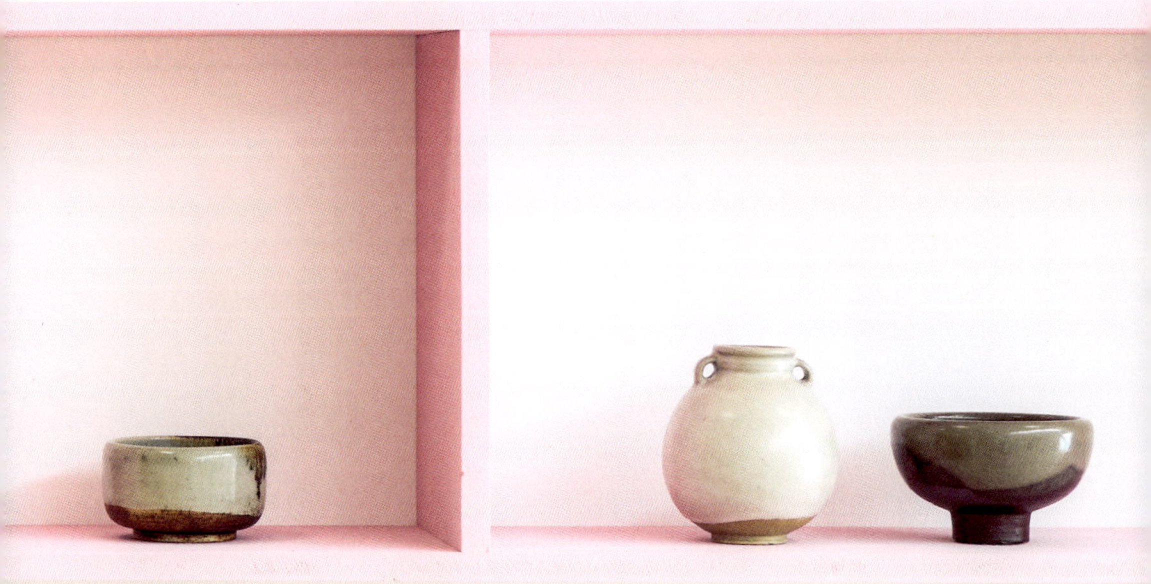

33 34 35

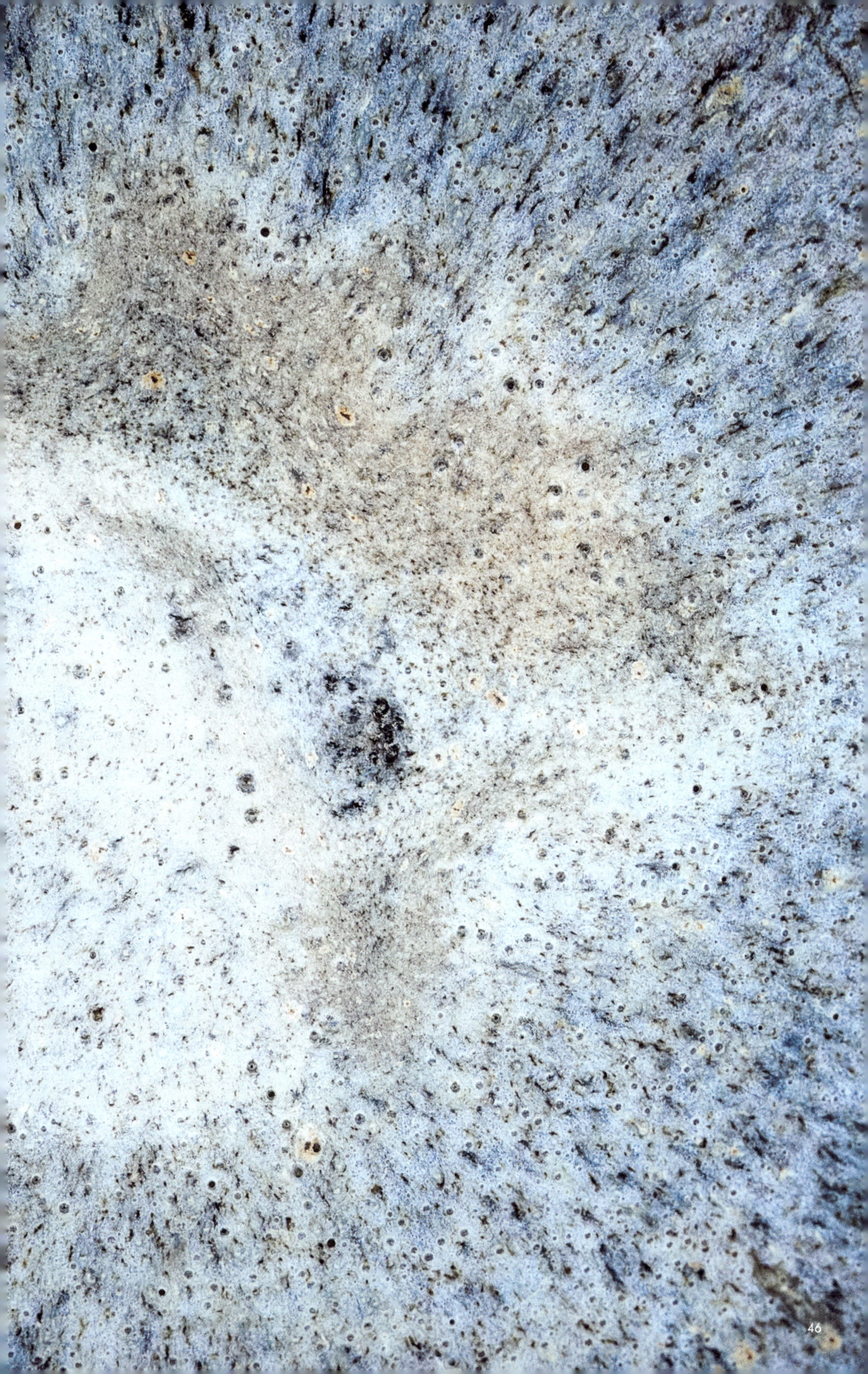

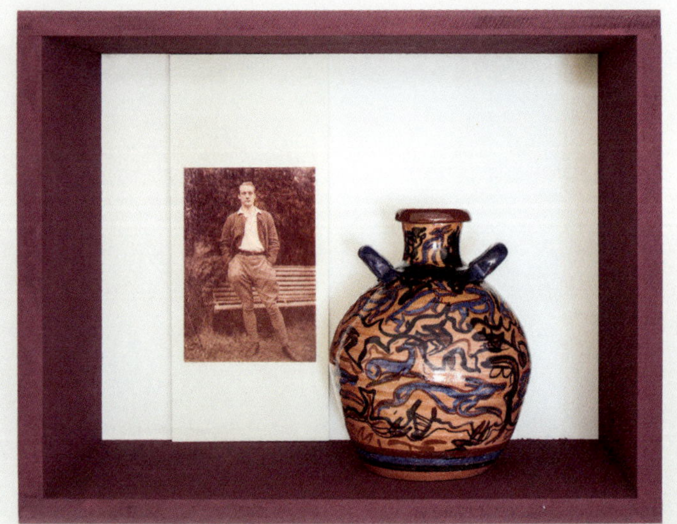

10

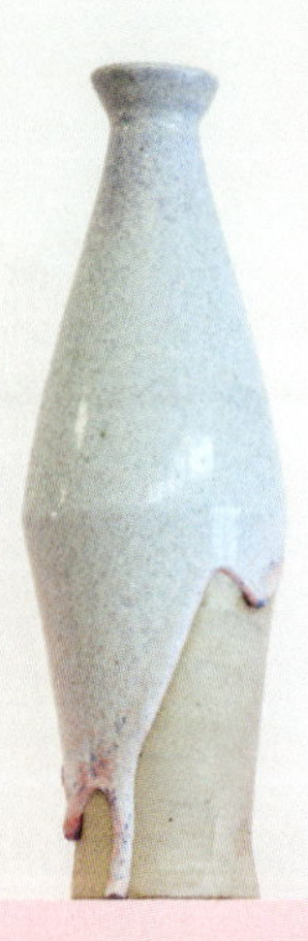

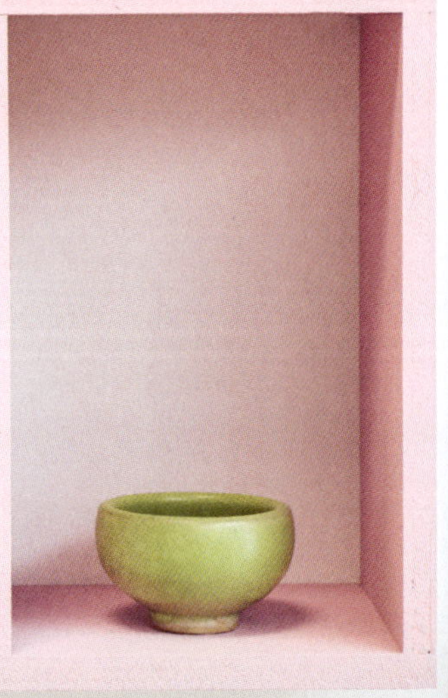

36   37

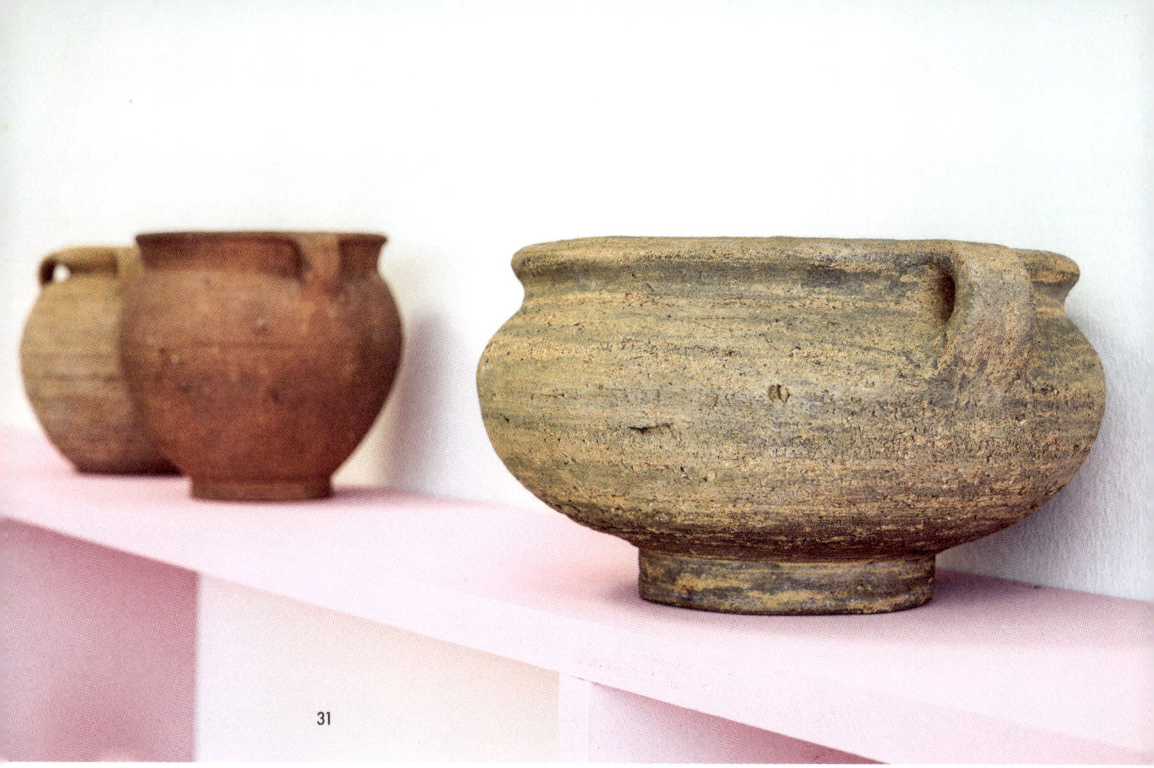

31

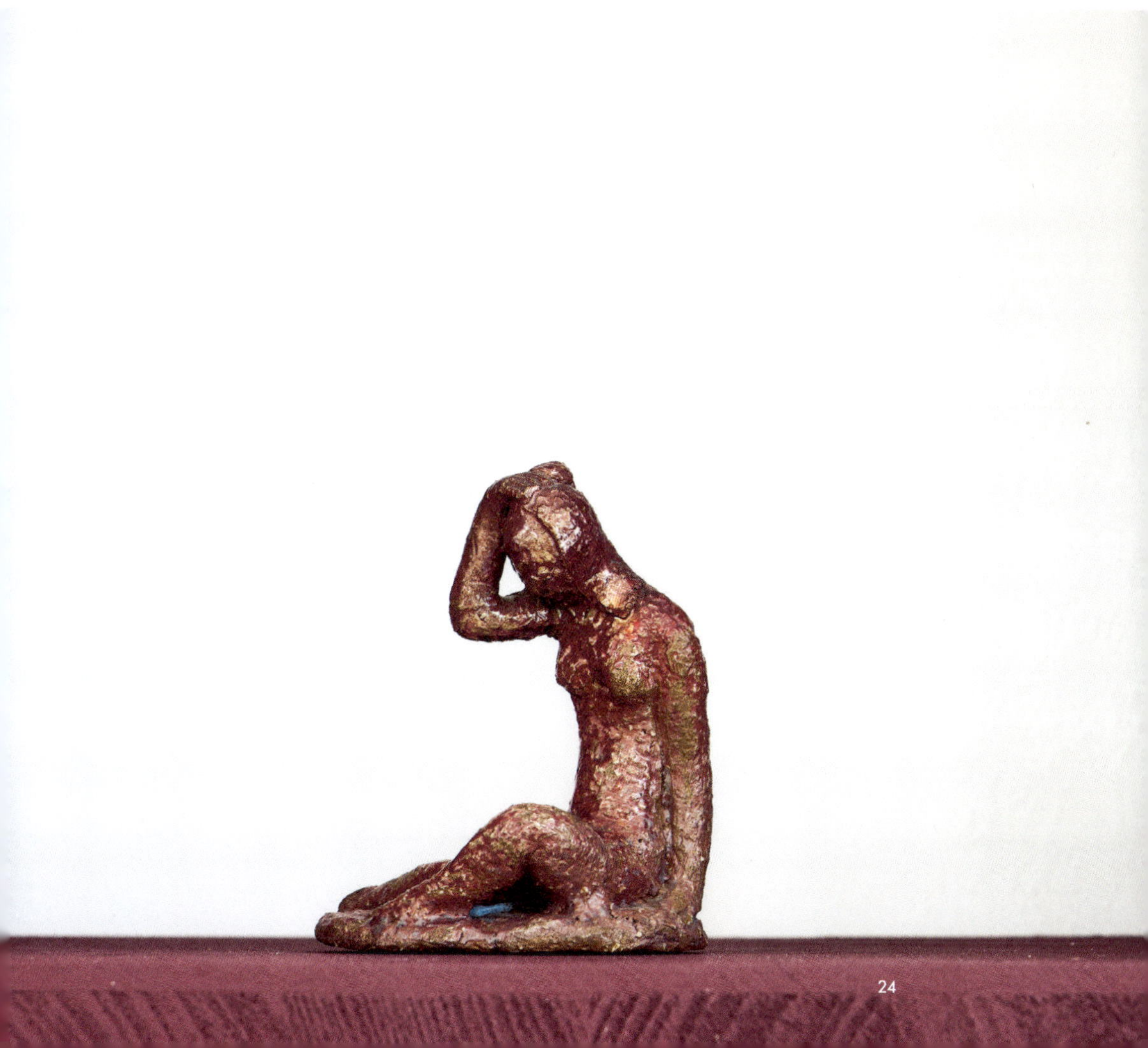

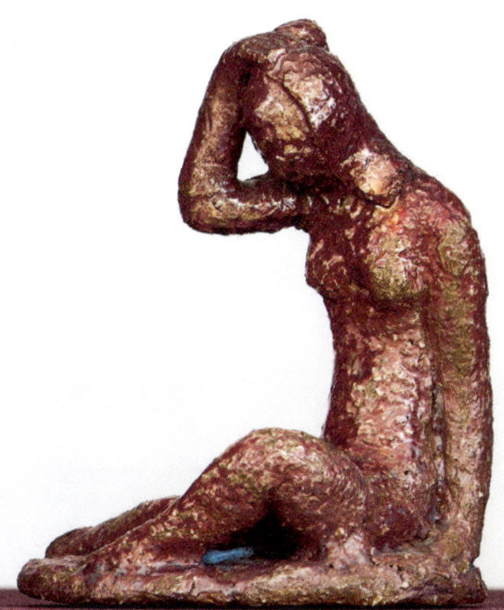

24

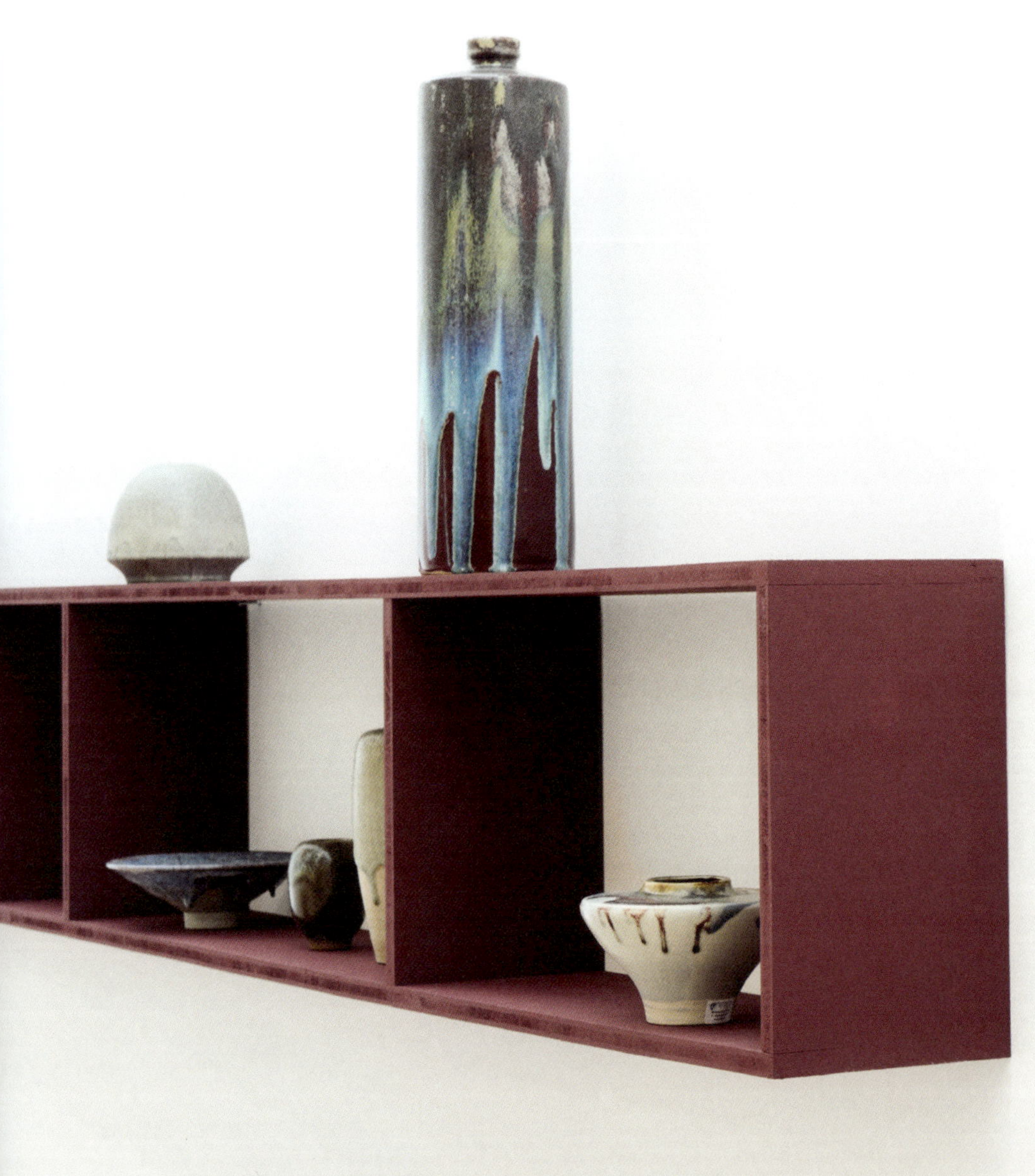

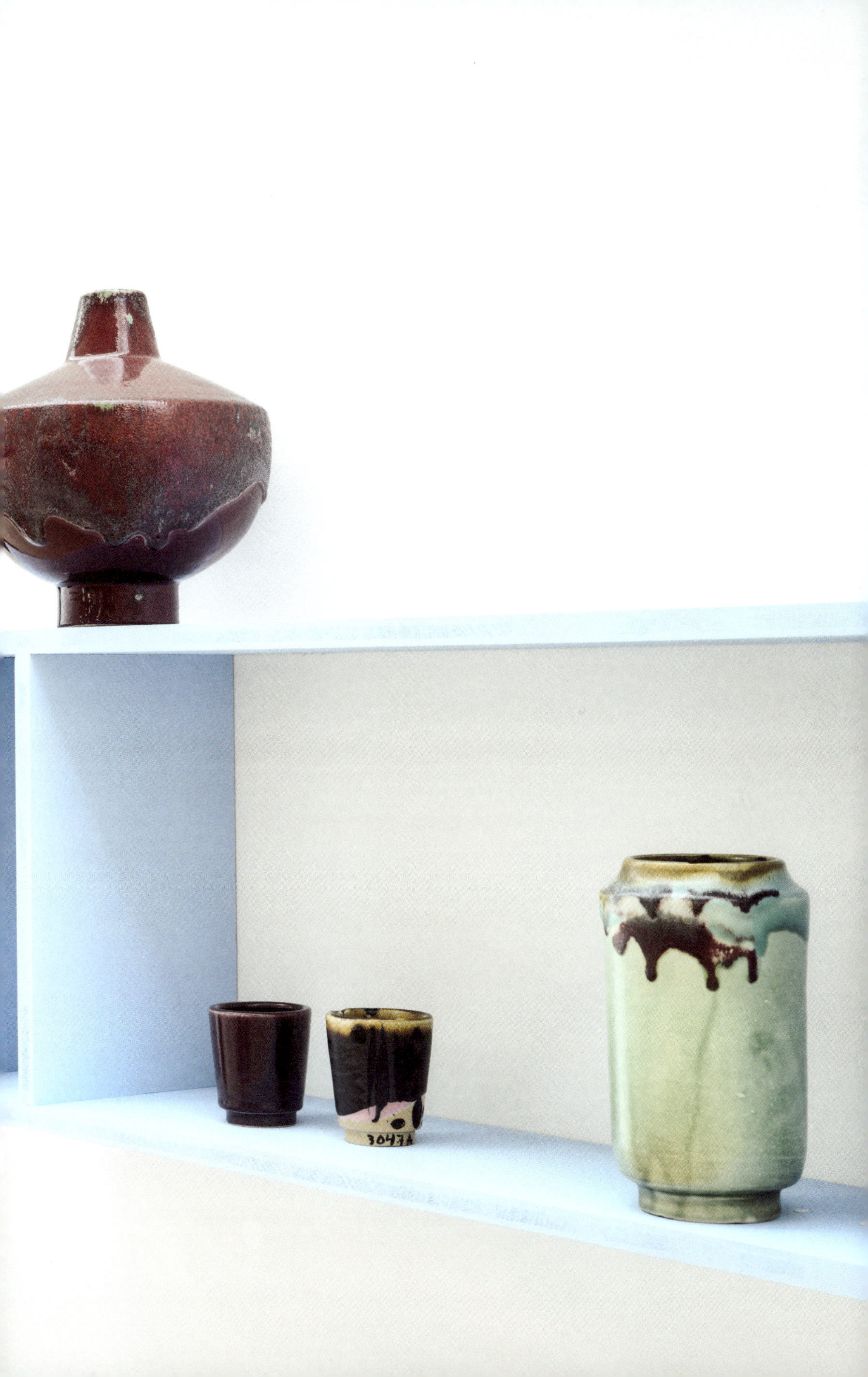

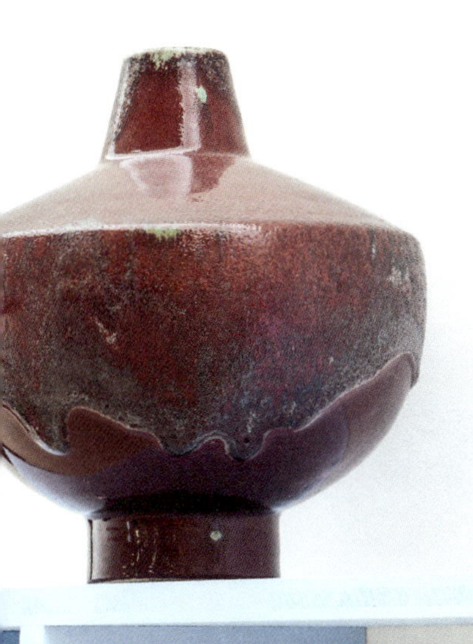

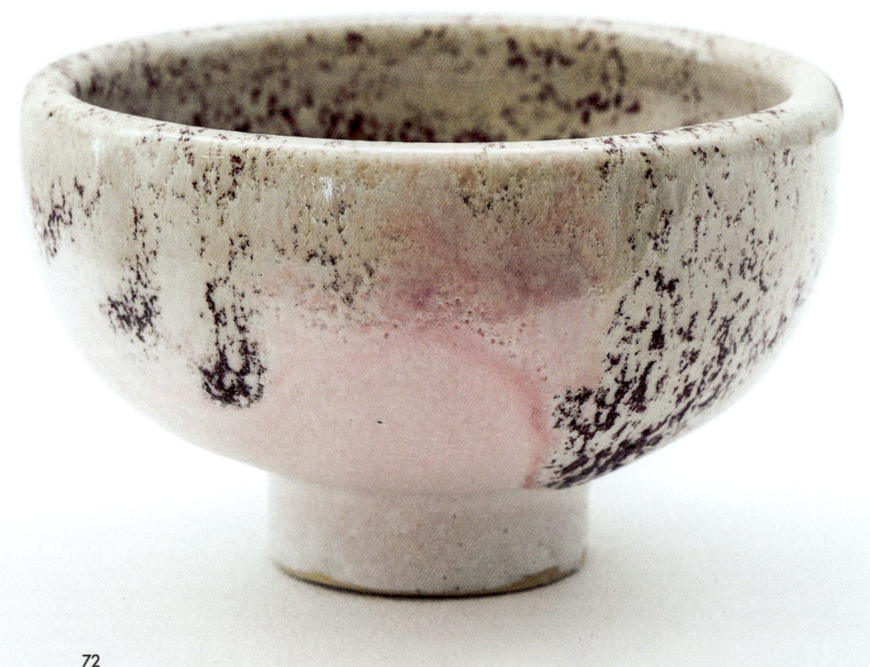

72

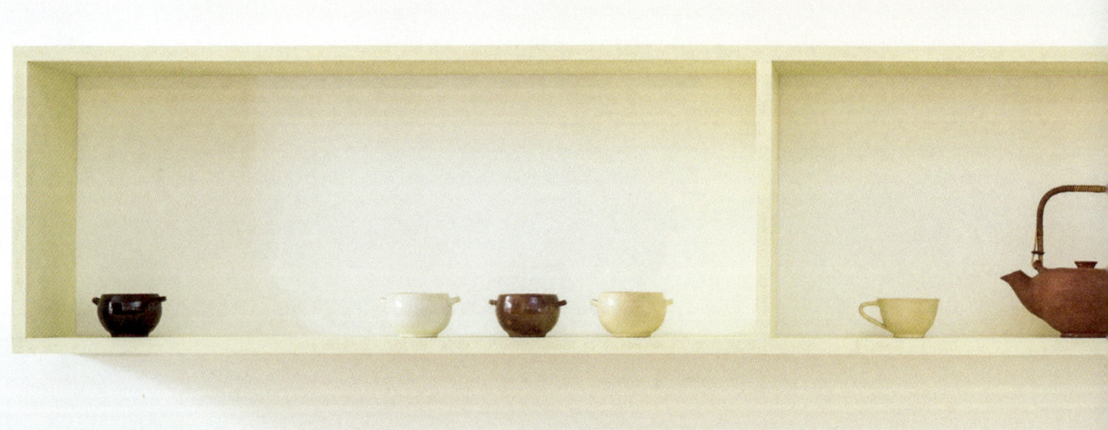

78–84

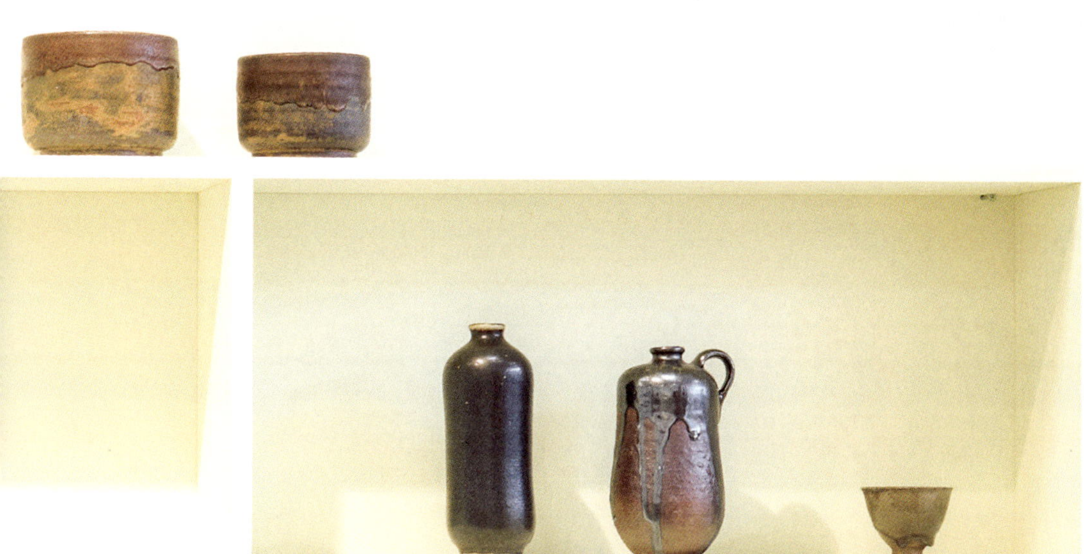

71 70 69 68

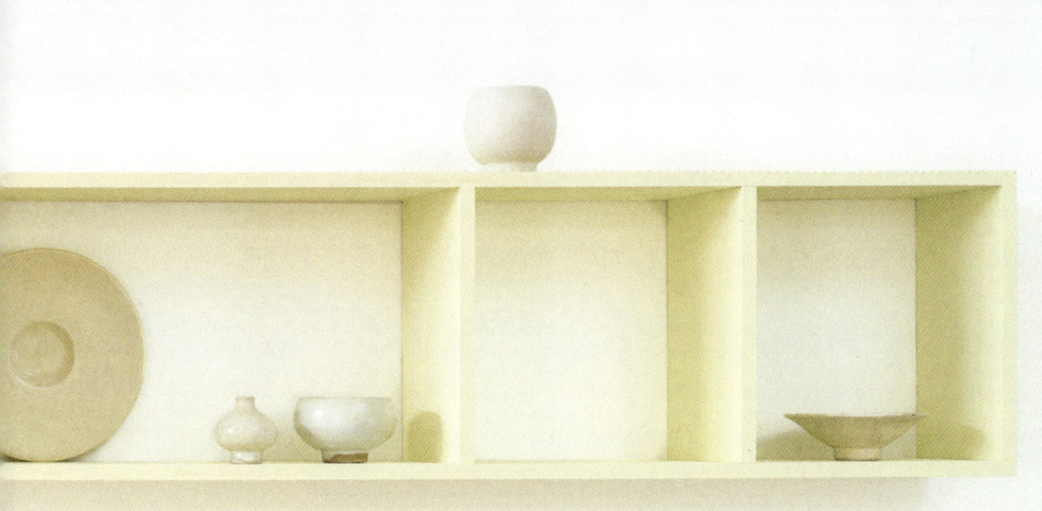

OBJEKTE / OBJECTS

1 Stangenvase, Hamburg, 1960–1966 / Cylindrical vase, Hamburg, 1960–1966. Saskia Bontjes van Beek
2 Stangenvase, Hamburg, um 1962. WVZ 255 / Cylindrical vase, Hamburg, ca. 1962. CR 255. Dr. Vehring
3 Lächelnde Olga. Bernhard Hoetger, 1911 / Olga Smiling. Bernhard Hoetger, 1911. Saskia Bontjes van Beek
4 Die Familie Bontjes an der Wümme. Otto Modersohn, 1927 / The Bontjes family on the Wümme. Otto Modersohn, 1927. Dr. Seippel
5 Büste. Olga Bontjes van Beek-Breling, um 1925. WVZ 4 / Bust. Olga Bontjes van Beek-Breling, ca. 1925. CR 4. Saskia Bontjes van Beek
6 Vase, um 1925. WVZ 5 / Vase, ca. 1925. CR 5. Saskia Bontjes van Beek
7 Lüstergefäß. Max Laeuger, undatiert / Lusterware vessel. Max Laeuger, undated. Bernhard Braumann
8 Selbstbildnis Olga Breling, 1911. WVZ OBvB-0461 / Self-Portrait of Olga Breling, 1911. CR OBvB-0461. Saskia Bontjes van Beek
9 Das Märchen von den sieben Raben. Heinrich Vogeler, 1895 / The Fairy Tale of the Seven Ravens. Heinrich Vogeler, 1895. Familie Werner
10 Vase mit zwei Henkeln, um 1925. WVZ 10 / Two-handled vase, ca. 1925. CR 10. Saskia Bontjes van Beek
11 Vase mit zwei Henkeln, um 1925. WVZ 7 / Two-handled vase, ca. 1925. CR 7. Saskia Bontjes van Beek
12 8 von 10 Gefäßen Fischerhuder Kunst Keramik, 1924–1932 / 8 of 10 Vessels, Fischerhuder Kunst Keramik, 1924–1932. Saskia Bontjes van Beek
13 Sitzendes Kind. Amelie Breling, undatiert / Sitting Child. Amelie Breling, undated. Saskia Bontjes van Beek
14 Ballspielendes Mädchen. Olga Bontjes van Beek, 1920. WVZ OBvB-0471 / Girl Playing with Balls. Olga Bontjes van Beek, 1920. CR OBvB-0471. Saskia Bontjes van Beek
15 Tänzerin. Olga Bontjes van Beek, 1920. WVZ OBvB-0472 / Dancer. Olga Bontjes van Beek, 1920. CR OBvB-0472. Saskia Bontjes van Beek
16 Olga tanzt. Amelie Breling, undatiert / Olga Dancing. Amelie Breling, undated. Saskia Bontjes van Beek
17 Madonna. Amelie Breling, undatiert / Madonna. Amelie Breling, undated. Saskia Bontjes van Beek
18 "Coffee table". Rahel Weisbach und Jan Bontjes van Beek, um 1935 / Coffee table. Rahel Weisbach and Jan Bontjes van Beek, ca. 1935. Sebastian Jacobi
19 Federsessel MR70, Tugendhat. Lilly Reich und Ludwig Mies van der Rohe, 1930. Ausführung Joseph Müller Metallgewerbe, Berlin / Tugendhat chair, MR70 cantilever chair. Lilly Reich and Ludwig Mies van der Rohe, 1930. Produced by Joseph Müller Metallgewerbe, Berlin. Sebastian Jacobi
20 Skulptur Olga Breling. Amelie Breling, undatiert / Sculpture of Olga Breling. Amelie Breling, undated. Bernhard Braumann
21 Selbstportrait als Tänzer, Fischerhude, um 1925. WVZ 3 / Self-Portrait as a Dancer, Fischerhude, ca. 1925. CR 3. Saskia Bontjes van Beek
22 Dose, Fischerhude, 1925–1931 / Box, Fischerhude, 1925–1931. Saskia Bontjes van Beek
23 Schale, Fischerhude, 1925–1931 / Bowl, Fischerhude, 1925–1931. Saskia Bontjes van Beek
24 Bildnis Olga, Fischerhude, um 1920 / Portrait of Olga, Fischerhude, ca. 1920. Saskia Bontjes van Beek
25 Tiegel, Fischerhude, 1925–1931 / Crucible, Fischerhude, 1925–1931. Saskia Bontjes van Beek

26 Deckelgefäß, Fischerhude, 1925–1931 / Covered vessel, Fischerhude, 1925–1931. Saskia Bontjes van Beek
27 11 Objekte, Fischerhuder Kunst Keramik, 1925–1931 / 11 objects, Fischerhuder Kunst Keramik, 1925–1931. Saskia Bontjes van Beek
28 Helden. Olga Bontjes van Beek-Breling, 1920 / Heroes. Olga Bontjes van Beek-Breling, 1920. Saskia Bontjes van Beek
29 Sideboard (Eiche/Nußbaum/Makassa) aus der Villa Olff. Rahel Weisbach, um 1931 / Sideboard (oak, walnut, Macassar ebony) from the Olff Villa. Rahel Weisbach, ca. 1931. Sebastian Jacobi
30 Henkelgefäß mit weißem Fleck, Berlin, 1935–1943. WVZ 64 / Two-handled vessel with white spot, Berlin, 1935–1943. CR 64. Ludwig Rinn
31 Pflanzgefäße, Berlin, 1935–1943. WVZ 70 / Plant pots, Berlin, 1935–1943. CR 70. Ludwig Rinn
32 Weißes Kürbisgefäß mit Henkel, Berlin, 1935–1943 / White handled jug, Berlin, 1935–1943. Bernhard Braumann
33 Schale, Berlin, 1935–1943 / Bowl, Berlin, 1935–1943. Bernhard Braumann
34 Weißes Henkelgefäß, Berlin, 1935–1943 / White two-handled vessel, Berlin, 1935–1943. Keramikmuseum Westerwald
35 Fußschale, Hamburg, 1960–1966 / Footed bowl, Hamburg, 1960–1966. Dr. Vehring
36 Kegelflasche, Hamburg, 1960–1962. WVZ 243 / Double conical bottle, Hamburg, 1960–1962. CR 243. Dr. Vehring
37 Fußschale, Hamburg, 1960–1966 / Footed bowl, Hamburg, 1960–1966. Dr. Vehring
38 Nierentisch (Ulme), um 1953 / Kidney-shaped table (elm), ca. 1953. Sebastian Jacobi
39 Vase, Rosenthal, Selb, 1953 / Vase, Rosenthal, Selb, 1953. Bernhard Braumann
40 Dose, Dr. Ing. Alfred Ungewiss, Keramisches Werk Dehme, 1950–1967 / Box, Dr. Ing. Alfred Ungewiss, Keramisches Werk Dehme, 1950–1967. Keramikmuseum Westerwald
41 Schale, Hamburg, 1960–1966 / Bowl, Hamburg, 1960–1966. Keramikmuseum Westerwald
42 Fußschale, Hamburg, 1960–1966 / Footed bowl, Hamburg, 1960–1966. Dr. Vehring
43 Schale, Hamburg, 1960–1966 / Bowl, Hamburg, 1960–1966. Bernhard Braumann
44 Fußschale, Hamburg, 1960–1966 / Footed bowl, Hamburg, 1960–1966. Dr. Vehring
45 Pilzgefäß, Hamburg, 1960–1966 / Mushroom-shaped vessel, Hamburg, 1960–1966. Dr. Vehring
46 Schale, Hamburg, 1960–1966. WVZ 231 / Bowl, Hamburg, 1960–1966. CR 231. Keramikmuseum Westerwald
47 Vase BK10, Dr. Ing. Alfred Ungewiss, Keramisches Werk Dehme, 1960–1967 / Vase BK10, Dr. Ing. Alfred Ungewiss, Keramisches Werk Dehme, 1960–1967. Bernhard Braumann
48 Vase, Berlin, 1935 / Vase, Berlin, 1935. Bernhard Braumann
49 Stangenvase, Hamburg, um 1963. WVZ 271 / Cylindrical vase, Hamburg, ca. 1963. CR 271. Keramikmuseum Westerwald
50 Vase, Dr. Ing. Alfred Ungewiss, Keramisches Werk Dehme, um 1962. WVZ 253 / Vase, Dr. Ing. Alfred Ungewiss, Keramisches Werk Dehme, ca. 1962. CR 253. Ludwig Rinn
51 Vase, Hamburg, 1960–1966. WVZ 233 / Vase, Hamburg, 1960–1966. CR 233. Keramikmuseum Westerwald
52 Becher, Dr. Ing. Alfred Ungewiss, Keramisches Werk Dehme, um 1960–1967 / Beaker, Dr. Ing. Alfred

Ungewiss, Keramisches Werk Dehme, ca. 1960–1967.
Ludwig Rinn
53 Becher mit Glasurproben, Dr. Ing. Alfred Ungewiss,
Keramisches Werk Dehme, um 1960–1967 / Beaker
with glaze tests, Dr. Ing. Alfred Ungewiss, Keramisches
Werk Dehme, ca. 1960–1967. Bernhard Braumann
54 Albarello, Dr. Ing. Alfred Ungewiss, Keramisches
Werk Dehme, um 1960–1967 / Albarello, Dr. Ing.
Alfred Ungewiss, Keramisches Werk Dehme,
ca. 1960–1967. Ludwig Rinn
55 Teekanne, Hamburg, 1960–1966 / Teapot,
Hamburg, 1960–1966. Ludwig Rinn
56 Fußkumme, Hamburg, 1960–1966. WVZ 310 /
Footed bowl, Hamburg, 1960–1966. CR 310. Keramikmuseum Westerwald
57 Kumme, Hamburg, 1960–1966 / Bowl, Hamburg,
1960–1966. Ludwig Rinn
58 Vase, Hamburg, 1964. WVZ 282 / Vase,
Hamburg, 1964. CR 282. Dr. Vehring
59 Vase, Hamburg, 1960–1966 / Vase, Hamburg,
1960–1966. Keramikmuseum Westerwald
60 Pilzgefäß, Hamburg, 1962–1966. WVZ 266 /
Mushroom-shaped vessel, Hamburg, 1962–1966. CR
266. Dr. Vehring
61 Schälchen Fischerhuder Kunst Keramik, um 1925 /
Small bowl, Fischerhuder Kunst Keramik, ca. 1925.
Saskia Bontjes van Beek
62 Halsketten, Fischerhuder Kunst Keramik, um 1925
/ Necklaces, Fischerhuder Kunst Keramik, ca. 1925.
Familie Werner
63 Selbstbildnis. Olga Breling, um 1920. WVZ OBvB-
0436 / Self-portrait. Olga Breling, ca. 1920. CR OBvB-
0436. Saskia Bontjes van Beek
64 Selbstbildnis. Olga Bontjes van Beek-Breling,
1943. WVZ OBvB-0036 / Self-portrait. Olga Bontjes
van Beek-Breling, 1943. CR OBvB-0036. Saskia Bontjes
van Beek
65 Blick vom Mühlenberg. Olga Bontjes van Beek-
Breling, 1934. WVZ OBvB-0176 / View from the
Mühlenberg. Olga Bontjes van Beek-Breling, 1934. CR
OBvB-0176. Saskia Bontjes van Beek
66 Salbentopf, Berlin, 1935–1943. WVZ 47 Ointment
jar, Berlin, 1935–1943. CR 47. Saskia Bontjes van Beek
67 Kleiner Raumteiler (Birke / Vogelaugenahorn) aus
der Villa Olff. Rahel Weisbach, um 1928 / Small room
divider (birch, bird's eye maple) from the Olff Villa.
Rahel Weisbach, ca. 1928. Sebastian Jacobi
68 Schälchen, Berlin, 1935–1943 / Small bowl,
Berlin, 1935–1943. Ludwig Rinn
69 Kürbisflasche mit Henkel, Berlin, 1935–1943. WVZ
30 / Handled jug, Berlin, 1935–1943. CR 30. Ludwig
Rinn
70 Kürbisflasche, Hamburg, 1960–1966 / Jug,
Hamburg, 1960–1966. Keramikmuseum Westerwald
71 Übertöpfe, Berlin, 1935–1943 / Cover pots,
Berlin, 1935–1943. Bernhard Braumann
72 Fußschale, Hamburg, 1960–1966 / Footed bowl,
Hamburg, 1960–1966. Ludwig Rinn
73 Kalebassengefäß, Hamburg, 1960–1966 /
Gourd-shaped jar, Hamburg, 1960–1966. Ludwig Rinn
74 Vase, Berlin, 1935–1943 / Vase, Berlin,
1935–1943. Familie Werner
75 Weinkaraffe, Berlin, 1935–1943 / Wine carafe,
Berlin, 1935–1943. Familie Werner
76 Vase, Fischerhuder Kunst Keramik, 1925–1932 /
Vase, Fischerhuder Kunst Keramik, 1925–1932. Familie
Werner
77 Hocker (Birke / Vogelaugenahorn) aus der Villa
Olff. Rahel Weisbach, um 1928 / Stool (birch, bird's
eye maple) from the Olff Villa. Rahel Weisbach,
ca. 1928. Sebastian Jacobi

78 4 Schälchen, Fischerhuder Kunst Keramik, um
1925 / 4 Small bowls, Fischerhuder Kunst Keramik,
ca. 1925. Saskia Bontjes van Beek
79 Teekännchen mit Tasse, Fischerhuder Kunst Keramik, um 1925 / Teapot with cup, Fischerhuder Kunst
Keramik, ca. 1925. Saskia Bontjes van Beek
80 Teller, Hamburg, 1960–1966. WVZ 235 / Plate,
Hamburg, 1960–1966. CR 235. Keramikmuseum
Westerwald
81 Väschen, Hamburg, 1960–1966 / Small vase,
Hamburg, 1960–1966. Ludwig Rinn
82 Fußschale, Hamburg, 1960–1966 / Footed bowl,
Hamburg, 1960–1966. Dr. Vehring
83 Pokal, Berlin, 1933–1943. WVZ 32 / Cup, Berlin,
1933–1943. CR 32. Ludwig Rinn
84 Fußschale, Hamburg, 1960–1966 / Footed bowl,
Hamburg, 1960–1966. Dr. Vehring
85 Stempel, Fischerhuder Kunst Keramik / Stamp,
Fischerhuder Kunst Keramik. Saskia Bontjes van Beek
86 Kacheltisch. Rahel Weisbach und Jan Bontjes van
Beek, um 1932 / Tiled table. Rahel Weisbach and Jan
Bontjes van Beek, ca. 1932. Sebastian Jacobi
87 Trichtervase, Fischerhuder Kunst Keramik,
1925–1932 / Funnel-shaped vase, Fischerhuder Kunst
Keramik, 1925–1932. Familie Werner
88 Becher, Fischerhuder Kunst Keramik, um 1926.
Ehemals Familie Werner / Cup, Fischerhuder Kunst
Keramik, ca. 1926. Formerly the Werner family.
Keramikmuseum Westerwald
89 Dose ohne Deckel, Fischerhuder Kunst Keramik,
1925–1932 / Box without lid, Fischerhuder Kunst
Keramik, 1925–1932. Bernhard Braumann
90 Vase, Fischerhuder Kunst Keramik, ohne Stempel,
mit gemalter Marke, 1924 / Vase, Fischerhuder Kunst
Keramik, unstamped, painted mark, 1924. Keramikmuseum Westerwald
91 Lüstervase, Fischerhuder Kunst Keramik,
1925–1932 / Lusterware vase, Fischerhuder Kunst
Keramik, 1925–1932. Ludwig Rinn
92 Kleine Kommode (Birke / Vogelaugenahorn) aus
der Villa Olff. Rahel Weisbach, um 1928 / Small
commode (birch, bird's eye maple) from the Olff Villa.
Rahel Weisbach, ca. 1928. Sebastian Jacobi
93 Teller, Fischerhuder Kunst Keramik, 1929. Ehemals
Familie Werner. WVZ 26 / Plate, Fischerhuder Kunst
Keramik, 1929. Formerly the Werner family. CR 26.
Keramikmuseum Westerwald
94 Bechervase, Fischerhuder Kunst Keramik, 1929.
Ehemals Familie Werner. WVZ 17 / Beaker vase,
Fischerhuder Kunst Keramik, 1929. Formerly the Werner
family. CR 17. Keramikmuseum Westerwald
95 Vase, Fischerhuder Kunst Keramik, um 1928.
WVZ 24 / Vase, Fischerhuder Kunst Keramik, ca. 1928.
CR 24. Familie Werner
96 Dose, Fischerhuder Kunst Keramik, 1929. Ehemals
Familie Werner. WVZ 18 / Box, Fischerhuder Kunst
Keramik, 1929. Formerly the Werner family. CR 18.
Keramikmuseum Westerwald
97 Serienentwürfe BK 5 und BK 34, Dr. Ing. Alfred
Ungewiss, Keramisches Werk Dehme, um 1960–1967 /
Batch designs BK 5 and BK 34, Dr. Ing. Alfred Ungewiss,
Keramisches Werk Dehme, ca. 1960–1967. Keramik-
museum Westerwald
98 Fußschale, Hamburg, um 1965. WVZ 297 /
Footed bowl, Hamburg, ca. 1965. CR 297. Dr. Vehring
99 Gartengefäß, Berlin, um 1935. WVZ 52 / Garden
vessel, Berlin, ca. 1935. CR 52. Familie Werner
100 Hängeboard (Eiche / Vogelaugenahorn) aus
der Villa Olff. Rahel Weisbach, um 1931 / Floating
sideboard (oak, bird's eye maple) from the Olff Villa.
Rahel Weisbach, ca. 1931. Sebastian Jacobi

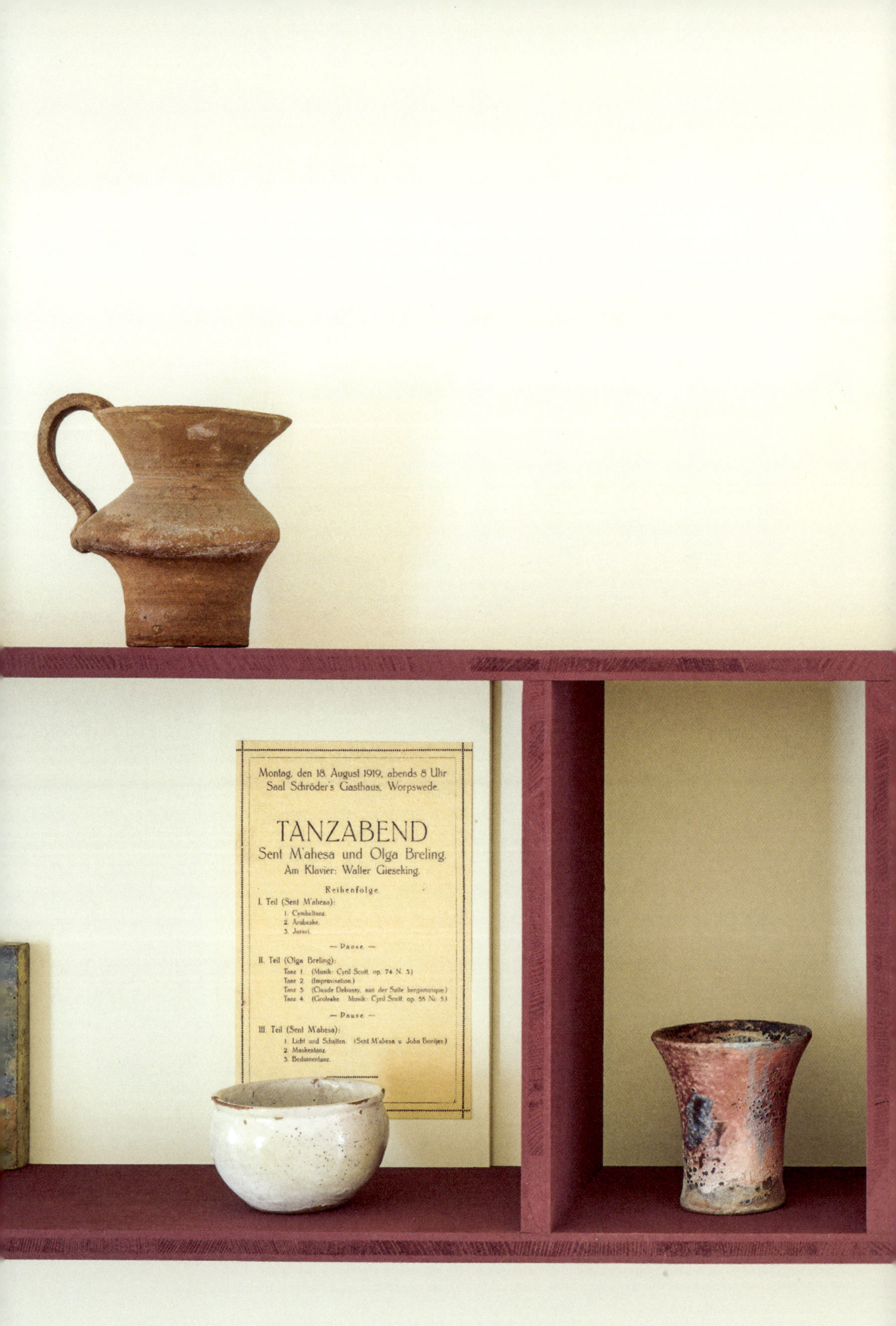

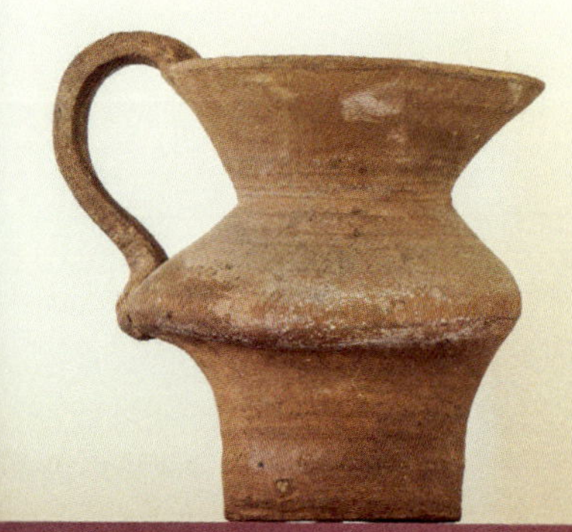

Montag, den 18. August 1919, abends 8 Uhr
Saal Schröder's Gasthaus, Worpswede.

TANZABEND
Sent M'ahesa und Olga Breling.
Am Klavier: Walter Gieseking.

Reihenfolge.
I. Teil (Sent M'ahesa):
1. Cymbeltanz.
2. Arabeske.
3. Jaravi.

— Pause —

II. Teil (Olga Breling):
Tanz 1. (Musik: Cyril Scott, op. 74 N. 3)
Tanz 2. (Improvisation.)
Tanz 3. (Claude Debussy, aus der Suite bergamasque.)
Tanz 4. (Groteske. Musik: Cyril Scott, op. 58 Nr. 5.)

— Pause —

III. Teil (Sent M'ahesa):
1. Licht und Schatten. (Sent M'ahesa u. John Bontjes.)
2. Maskentanz.
3. Beduinentanz.

Nele van Wieringen

Jan Bontjes van Beek

BODY
SCALE
COLOR

Nele van Wieringen

arnoldsche

Edmund Kesting: Portrait of Jan Bontjes van Beek, 1949 / Porträt Jan Bontjes van Beek, 1949.
© Museen der Stadt Dresden – Technische Sammlungen Dresden, TSD B 00443.

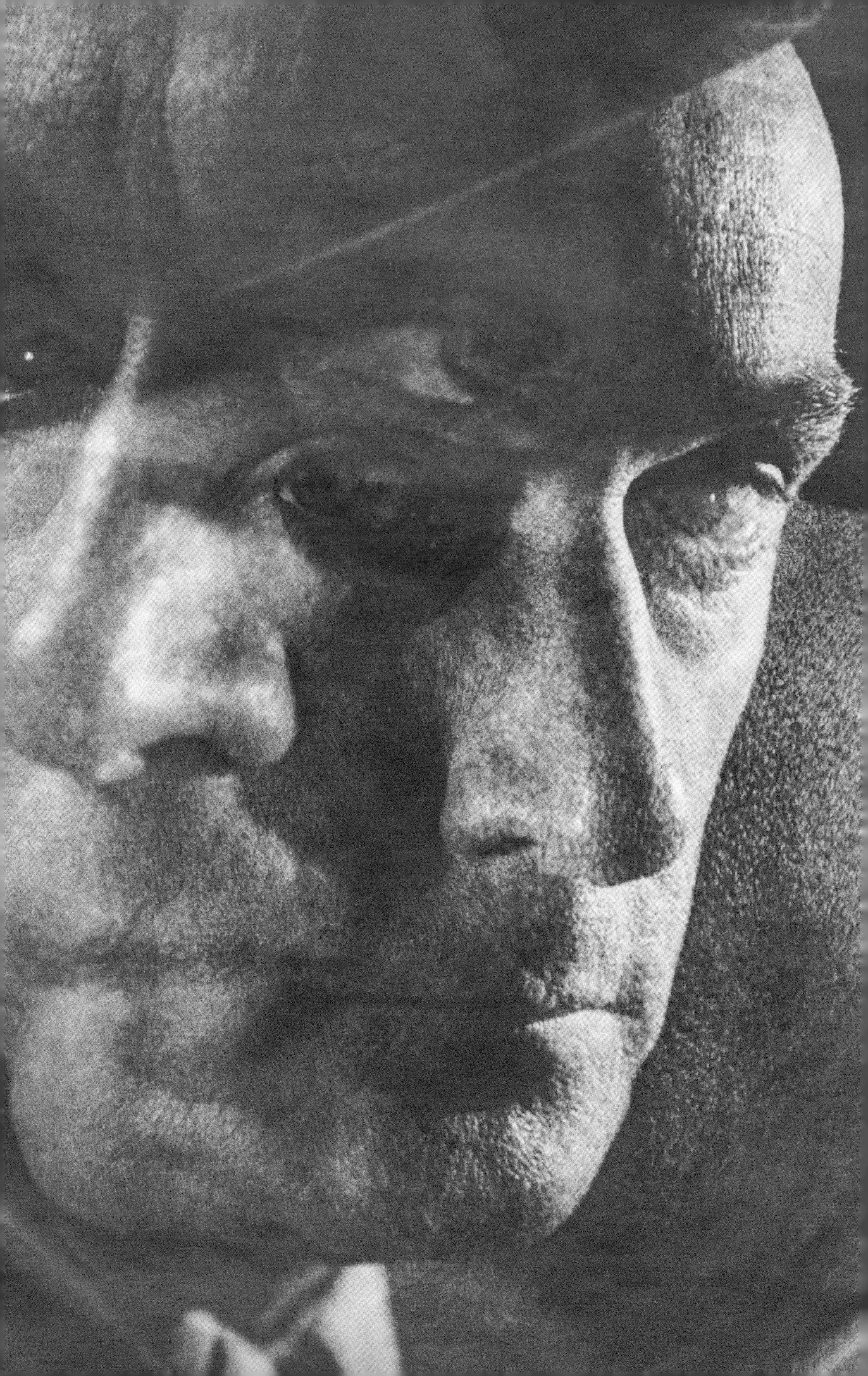

BODY

A major event occurred during this time. I went to the post office where I encountered a farm wagon driven by a young Greek Attic man. Perhaps inspired by the classical education at the Duncan school, the study of sculpture! I was fascinated—then, after a few weeks, I met this young person at Heinrich Vogeler's at the Barkenhoff. It was Jan Bontjes van Beek. In one year, we married![1]   OLGA BONTJES VAN BEEK

Jan initially impressed not only Olga Breling—the future Olga Bontjes van Beek—but also Worpswede artist Heinrich Vogeler with his physical appearance. Vogeler's memoir, published in 1952, includes the following description entitled *Guys from Summer 1918 to May 1919*:

Jan Bontjes, seaman out of captivity. Strikingly handsome, strong, very naive blond young man. Dances well. Came from Wilhelmshaven with a somewhat lame intellectual, a speculative know-it-all, who looks at every situation speculatively (something important for his own ego). Attracted attention at Berlin theaters and concerts only through his striking company, the handsome seaman Jan Bontjes.[2]   HEINRICH VOGELER

World War I ended on November 11, 1918, and had claimed the lives of over two million German soldiers. The number of physically or psychologically injured was even larger. Physical and psychological integrity was not a given among men at that time and the sight of maimed bodies was a daily occurrence. Urgently in need of healthy workers to realize his ideal of a self-sufficient commune in Worpswede, Heinrich Vogeler was grateful for this "striking" seaman.
Not just Jan himself was striking, though. The people he got to know in Worpswede were striking figures as well, who would influence his life significantly. In his brief time at the Barkenhoff, Jan met, among others, Lucia Schulz, later married to László Moholy-Nagy, and was received as a guest by Otto Modersohn, Emil Uphoff and Bernhard Hoetger. At the latter's home, he met Olga, who had just thrown herself into her own dance career. Olga and Jan wed on April 6, 1920.
A small watercolor painted by Olga in her first year of marriage captures their mood: Jan and Olga are striding naked with outstretched arms down a colorful street on which a dragon is visible on the left. "Heroes" wrote Olga in pencil at the bottom. A life- and art-affirming heroism that broke with the conventions and ideals of that time.

It was interesting to see how vigorously Jan tackled everything and nearly wore himself out in the process,[3] OLGA BONTJES VAN BEEK

wrote Olga in her memoir, describing Jan's departure from the dogmatic commune and his start in life as an independent artist with her thusly:

Jan was often at Hoetger's, to Martha Vogeler's chagrin, since he ought to have been working in the commune. He had long outgrown the whole commune, though, just like Heinrich Vogeler, who basically just felt like a guest in his own home.
Sent M'ahesa came for a visit and we both made plans for how we would make ends meet in the next season! Sent never had money and even less was *in sua tasca* this time!! She suggested that I take a variety gig with her; the Wintergarten in Berlin was looking for celebrities to be able to stay in existence.
Many dancers had signed on—it would be no disgrace. I said yes, and Jan, who was a very good dancer, a natural, joined in. Sent studied a dance she called Light and Shadow with him. Our program was ready and the three of us drove to Berlin! Those were probably the most amusing weeks I ever had.[4]
OLGA BONTJES VAN BEEK

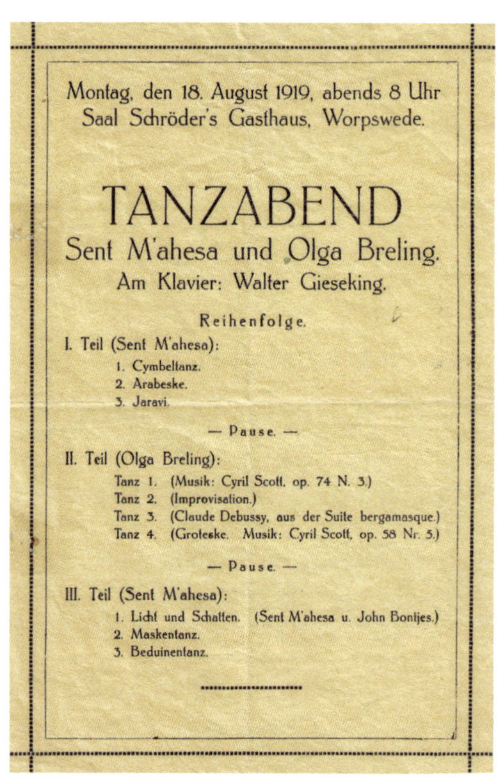

Montag, den 18. August 1919, abends 8 Uhr
Saal Schröder's Gasthaus, Worpswede.

TANZABEND

Sent M'ahesa und Olga Breling.
Am Klavier: Walter Gieseking.

Reihenfolge.

I. Teil (Sent M'ahesa):
1. Cymbeltanz.
2. Arabeske.
3. Jaravi.

— Pause. —

II. Teil (Olga Breling):
Tanz 1. (Musik: Cyril Scott, op. 74 N. 3.)
Tanz 2. (Improvisation.)
Tanz 3. (Claude Debussy, aus der Suite bergamasque.)
Tanz 4. (Groteske. Musik: Cyril Scott, op. 58 Nr. 5.)

— Pause. —

III. Teil (Sent M'ahesa):
1. Licht und Schatten. (Sent M'ahesa u. John Bontjes.)
2. Maskentanz.
3. Beduinentanz.

Worpswede Dance Evening program, August 18, 1919 / Programm Tanzabend Worpswede, 18. August 1919. Archiv Saskia Bontjes van Beek, Fischerhude.

His students in Berlin and Hamburg retained fond memories of the professor who liked to tap-dance whenever he was in a good mood. Already in 1919, though, Jan had lost any desire to dance the "Shadow" for weeks on end as his main job. Olga informed her mother Amalie of this with a short message:

Dear Mami!
Too bad you're not here. We are in fact very merry. Only you ought to be playing two ste(e)ps for us, you know, like back then in Fischerhude! Congratulate us. We have an apartment. You'll have to visit us for a longer time then! Dotti has to come too! What is Hänschen doing! All 1000 kisses, going right back to work!! Wintergarten!!! Farewell! Your Ota!

Good Frau Professor,
According to my calculations, I will be without a gig in November. I don't know whither the storm will drive me next—but perhaps it will be fine with you that I am considering doing my gardening during that time. If something comes up, I will write you immediately. Would you be so kind and write me your thoughts about this?
I greet you and your house.
John Bontjes[5]   OLGA BRELING / JAN BONTJES VAN BEEK

Accompanied by the pianist Walter Gieseking, Olga continued dancing in Berlin, Münster, Leipzig, Jena, Erfurt and eventually for enthusiastic Bauhaus students in Weimar. Jan traveled back to Fischerhude. Into what was his exuberant energy, his artistic talent to be channeled? The two matriarchs in the female household on the Bredenau ultimately steered Jan's temperament in the right direction.

He was received there with open arms by my mother and my oldest sister, Amelie Breling, the sculptor. They discussed how he could be helped and tried to encourage all the potential hidden in him, for they sensed that this young person had artistic talents that only needed to be nurtured. Amelie gave him drawing lessons first and tried painting and modeling too, where his talent appeared to emerge most noticeably.[6]   OLGA BONTJES VAN BEEK

Having completed a brief apprenticeship with the ceramicist Max Laeuger in Kandern from the end of 1909 to August 1910, the sculptor Amelie Breling ended up advising Bernhard Hoetger as an expert during the making of his majolica figures. The forty-five-year-old artist kept the family of seven afloat after the death of her father Heinrich Breling in 1914 and also used the income from her workshop to enable Jan to train in ceramics in Undenheim, Berlin and, later, Velten. She remained single all her life and became the family's undisputed matriarch upon the death of her mother.
Although Jan had found a place to stay and intellectual interlocutors in Worpswede after the war, it was only at the Breling home that he found direction in his life thanks to Amelie. He was still grateful to her years later:

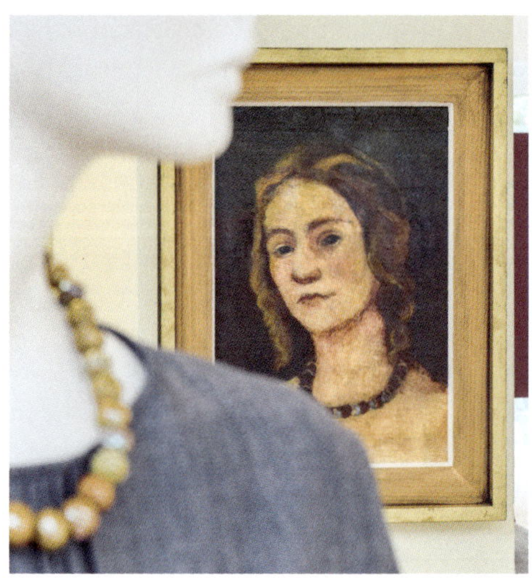

What an effort you made to teach the roving seaman something; it was essential to bring to light so much that, perhaps through tradition, lay dormant. […] The artistic, that is, the intellectual, was the basis on which we collectively breathed, hungered, celebrated our parties and took pleasure in life. […] Let us hold on to it as a permanent possession, Amelie, on which we can build at any time.[7] JAN BONTJES VAN BEEK

FIRE

Bontjes's early years in Fischerhude were wholly dominated by his mastering of technical challenges. It was not only essential to learn throwing and glaze making but also to master firing. Bontjes returned to Fischerhude after his research trips and built a third kiln. The kiln had a so-called muffle—an insert that separates fired ware from the fire—that also enabled it to produce a reducing atmosphere necessary for iridescent luster glazes.
The firings left a lasting impression on his son Tim:

The kiln was heated with coal and, then, when the pyrometric cone had dropped above, the moment came in which the fire, the embers were pulled onto a metal plate with a large hook. The embers were carried outside, quenched with water—there was a huge steam cloud. And when the fire was outside—I still remember—my father had a distinctive habit: He had a stick that he wrapped with cloth and soaked in tar—like a torch, for instance—so that a large tar ball was created at the tip. Then my uncle Fritz opened the kiln's peephole on command and my father hurled the stick over the pyrometric cone into the embers at the same moment. My uncle had to shut the peephole

Olga Breling: Self-Portrait, ca. 1920. CR OBvB-0436 / Selbstbildnis um 1920. WVZ OBvB-0436 (63).
In front: necklace, ca. 1925 / Vorne: Halskette Fischerhuder Kunst Keramik, um 1925 (62). Collection of / Sammlung Saskia Bontjes van Beek.

again immediately—since an enormous flash fire came out—and daub [it] with clay. That is how my father did his reduction firings back then. Everyone was bathed in sweat during this work, of course.

[…] and then this moment came in which you could look inside the kiln from above, then you had an idea of what had become of the firing. That was very dramatic at times. At any rate, we were glad that we always got by without the fire department. [8]   TIM BONTJES VAN BEEK

The number of kilns in his workshop on Tegeler Weg in Berlin later grew steadily as well. A letter from Curt Walther, who was responsible for the design of the first kiln, mentions a 5 m³ kiln, a 1 m³ muffle and various smaller kilns. He was reportedly planning to build still others in 1942 but the war prevented that then.

Dear Herr Bontjes!

I acknowledge your letter of the 12th cr. [*currentis*, i.e., of the current month] and am notifying you that, in all probability, your letter from the fall of last year was also lost during the various, in part, very heavy air raids. At that time, not only Bremen Central Train Station but also a large number of freight cars were hit. […] It is surely correct that you are already starting to plan your new building project. […] The new year is starting for us quite inauspiciously insofar as our son has been trapped in Stalingrad since the end of November and we are receiving only very little and not exactly good news from him so far. Hopefully, your son will manage to be deployed in other territories than the southern front in the east. [9]   CURT WALTHER

Bontjes himself did not forget the challenging and spectacular firings of the early period quickly by any means and he later shared the excitement of opening the Fischerhude kiln with his students.

I once saw him later, how he emptied our kiln in Heidwinkel and Grasleben near Helmstedt. He stood before it like a little child and whooped at each piece that came out and we thought, my goodness, what's up with him, everything is quite normal! And then he talked about his earlier experiences and what a dream it was to work with such a kiln. [10]   GABI LEGÈNE

Even though he slowly mastered the technical challenges in his Fischerhude workshop and his works gained recognition, Bontjes never stayed in one place long. He sought new stimuli and others to talk to and needed variety to no particular end.

Viewed from the makeup of personality, my father was a person who could not be confined, who sought and also needed freedom. Fischerhude was too small and too humdrum for him in the long run. This manifested itself in this way, for instance: Whenever he had nothing to do at the moment, he stood in front at the entrance to our lot and looked left and right on Bredenau—our little street—to see if anything were happening there, if anyone with whom he could

talk weren't passing by there. My sister Cato stood next to him and also looked wherever he looked—but nothing happened there.[11]   TIM BONTJES VAN BEEK

He remembered the years in Fischerhude fondly, even after his separation from Olga. The Breling clan's six sisters, who all pursued arts, crafts and politics in their own way, provided the aimless young man the perfect ground on which his talents could blossom.

I was just twenty when I first got to know Fischerhude after a lost war. When I think back on that lovely time [...] The little house 155 vibrated with anticipation of two upcoming events. At Mama's [grandmother Breling] orders, I was supposed to chop wood for the slow-burning stove in the living room (I believe it was called Germania) so that there was no chance of a flue fire starting and then to turn the garden soil as the frost subsided—and Hans was supposed to return home from French captivity. There were pan-fried potatoes with American bacon, which was sterilized for 5 wars (I believe it originally still dated to the Civil War) and produced pungent fumes that made us cry, and opium cigarettes that made me cough so nicely. There was a gazebo there where my seaman's chest with mementos from my youth and souvenirs from foreign lands from my father stood and in between were odd, Protestant picture frames built by grandfather himself. And I wanted to put Amelie's childhood portrait under glass but never got to it because I had lost myself in the attic, reconstruing

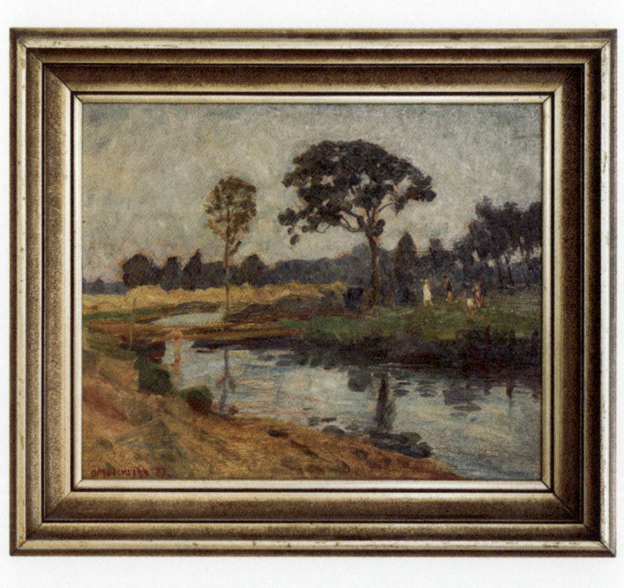

Otto Modersohn: The Bontjes Family on the Wümme river, 1927 / Die Familie Bontjes an der Wümme, 1927. Collection of / Sammlung Dr. Seippel, Cologne / Köln (4).

the Breling daughters' early life with the insurmountable mountain of cultural props, muzzle loaders, chapeaus and tennis shoes; silky soft, ivory-colored reindeer leather jackets; metronomes, silver buttons, alphorns, and plaster molds from Kandern and costumes, clothing and costumes from every era of anthropomorphic enwrapping, piano books, Bedouin revolvers, Wilhelmine pickelhauben and Theosophical manifestos, prayer books and glass beads and picture frames and Madonnas marvelously modeled by monks with bread and spittle—in short, who wouldn't be mesmerized by this mysterious world.[12]
JAN BONTJES VAN BEEK

The Breling sisters undeniably stood at the beginning of Bontjes's artistic life path. Once he met his second wife, the successful architect Rahel Weisbach, in Hamburg in 1932, she was the one who supported his further career—and not just financially. After the Nazis had forbidden her from working, she became his manager by necessity.

In 1935 I was served a professional ban, I know it by heart: "From this day on, you are prohibited from pursuing your profession." Then I concentrated on my husband's profession. He was unable to earn money. He was simply an absolute artist.[13]   RAHEL BONTJES VAN BEEK-WEISBACH

SCALE

The technical conditions in the Berlin workshop were so good then that not only one-off stoneware pieces but also batches could be produced. A formal canon slowly emerged. The numerous different garden vessels from Bontjes's Berlin period feature a very plain, robust surface produced by trimming highly chamotted clay, which he fittingly dubbed "elephant hide". Such a plain yet striking surface made it possible to concentrate fully on form.

That Bontjes adhered to a certain formal canon, eschewed reveries, trendy (gimmicks and) mannerisms to which the molding of soft clay has enticed so many ceramicists since time immemorial and today in particular cannot obscure what a strong formal talent he is [author's note: changed by Jan into formal talent / what a strong formal vocabulary he speaks]. His forms are clear, straightforward, strict, firmly contoured, highly sensitively proportioned. He

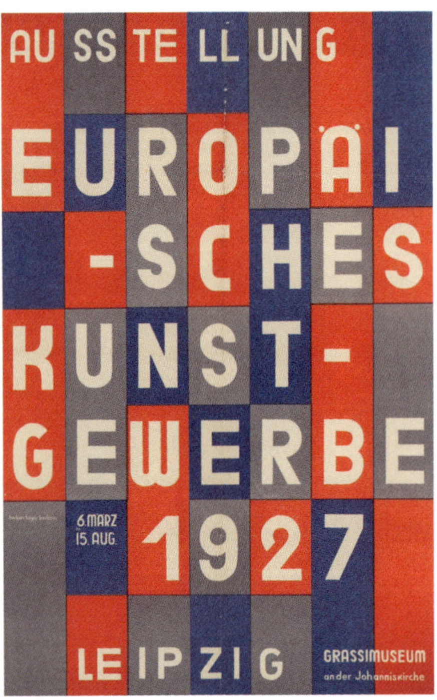

Herbert Bayer: Poster for the 1927 *Europäisches Kunstgewerbe* (European Applied Arts) exhibition / Plakat für die Ausstellung *Europäisches Kunstgewerbe* 1927. © GRASSI Museum für Angewandte Kunst, Leipzig.

seeks the valid, never the extravagant. Even in conjunction with functional necessities, his forms are in themselves finished three-dimensional objects that move our senses.[14]   HANS ECKSTEIN

Bontjes scholarship has not yet determined the extent to which Rahel Weisbach inspired his development of harmonious, stereometric forms. Rahel Weisbach was twenty-five when she met Jan Bontjes through Hamburg collector Grete Olff.[15]

I had learned finish carpentry and taken the journeyman's exam in Switzerland because a woman was not permitted to do that in Germany. I went to Berlin. The famous architect Erich Mendelsohn was interested in me because he liked that I had learned finish carpentry. He hired me as an architect in his firm — I was just 20 years old. I had not even attended a school of the arts. I was at the firm for two years; my salary was steadily raised. After that, I wanted to leave Berlin and went to Frankfurt am Main. I immediately found a job there with the successful architect Prof. Martin Elsässer. He hired me for the interior design of his last multimillion project in Hamburg, the construction of the Reemtsma house. I did the site management there, I was 23 years old; that was even in the newspaper.[16]   RAHEL BONTJES VAN BEEK-WEISBACH

Mendelsohn's functional yet dynamic design and Elsässer's harmonious geometry are concepts that unmistakably reappear in Bontjes's work from his Berlin period onward. Bontjes, who talked so passionately and craved intellectual discourse, surely reveled in Rahels' network.
Numerous sketches in his personal papers reveal a lifelong search for the perfect, harmonious form. On each piece of paper, the size and proportion of a corpus — be it a teapot, a plant vessel or a vase — are fully explored, thus treating every formal option. The backs of invitations, minutes, promotional brochures and other found papers display vessel variations with their parts — foot, belly, neck and mouth — proportioned using the golden ratio. Instructions for the thrower were specified precisely to the millimeter. A small X marks the object found suitable for production.

Only freedom within order results in creative output and vibrant diversity.[17]
JAN BONTJES VAN BEEK

Bontjes assembled numerous vessel variations based on spheres, cones and cylinders, indicating a familiarity with Bauhaus teachings and Theodor Bogler's vessels. Bontjes's personal papers, donated to the Deutsches Kunstarchiv by Rahel, confirm that he had studied the Bauhaus ideal exhaustively. Since he had also been working as an adjunct professor as of 1946, his interest in the Bauhaus program had also been educational. Bontjes's March 16, 1953 address for the Berlin Master School revealed that he had not only copied the Bauhaus program word-for-word but also shared Walter Gropius's visions. In his address, he highlighted the connection between decorative arts and industrial design with the aim of creating affordable objects for everyone. This also speaks to his openness to collaboration with industry,

which would start being realized in 1950 with the companies Rosenthal in Selb, Bavaria, and Keramisches Werk Dr. Ungewiss in Dehme near Oeynhausen, Eastern Westphalia.

… for cities' destruction, the loss of dwelling and housewares are confronting innumerable people with the need to refurnish their homes. Consider what opportunity this gives us and what mission, even socially! […] Max Bill, one of the groundbreaking organizers and initiators in the field of high-quality batch items, director of the School of Design in Ulm since 1951, which is being established with funds from the Scholl Sibling Foundation, said at the Swiss Werkbund's annual meeting: "We have not yet entered the cultural era of the machine age, but rather only the civilizing [era]."[18] JAN BONTJES VAN BEEK

Design is invariably a mirror of its times and chiefly has the modest mission of serving people in their everyday life. Not infrequently, it strives to reorganize society, though. For not only form is considered adaptable but also culture, which can consequently be steered in the desired direction. This makes the question of our identity concomitantly a question of our material needs.[19] Particularly in the postwar period, when over half the dwellings in Berlin-Mitte and Tiergarten alone were destroyed, the members of the Deutscher Werkbund implored that good form and beauty not be abandoned:

Jan Bontjes van Beek: Glaze calculations / Glasurberechnungen, Dehme 1953. © Deutsches Kunstarchiv im Germanischen Nationalmuseum, Nuremberg / Nürnberg.

All other creative domains, even that of architecture, have one thing in c o m m on: They are bound to m a t e r i a l , t e c h n i q u e and u s e . [...] But these three specifications alone are not enough. The question of f o r m is part of this and that is then the question of beauty and we do not want to live without this, not even in our present destitution.[20]   LILLY REICH

In his role rebuilding education at schools of decorative arts after World War II, Bontjes felt indebted to the Bauhaus's post-World War I social mission of using a new design to rebuild a society that lay in ruins, not only physically, and consequently make an ideal future possible. Fascist ideology, at the behest of which his daughter Cato had been murdered in 1943 at the age of just twenty-two, was, on the other hand, an antithetical example of the immense power design can exert on a society. And even though the war was over then, Nazism was still far from vanquished. All the same, at the conclusion of his address at the opening of 1949–1950 winter semester at the still temporarily housed Weissensee School, Bontjes called for nothing less than reconciliation:

If the school no longer finds any culture in the recently vanquished barbarism, then it must create a cultural future. The future must be a deed and above all it must be a deed of the spirit. No deed can be so great as that of beautifying the world and thus finally reconciling it.[21]   JAN BONTJES VAN BEEK

Harmonious, that is to say, restrained design affordable for everyone was an important motivation for his batch designs. Many contemporaries considered such collaboration with the ceramic industry nothing but a financial straightjacket, though—the one-off quite simply being regarded as the *ne plus ultra* in the postwar West German ceramics scene. Financial riches were not Bontjes's goal in life anyway, though, and he had nothing but contempt for hedonism. In 1965, he unambiguously wrote in a letter to the art historian and curator Heinz Spielmann:

You have no idea what this damn economic miracle is eating away, which makes people people. The wealthy intellectual cripple is left.[22]
JAN BONTJES VAN BEEK

Jan Bontjes van Beek's strict understanding of proportion and scale should therefore essentially be seen as a mindset rather than pure design thinking. He had made a very cogent statement about this in 1964:

The secret of good work is its right scale. At a time like today, which has lost the universal scale and does not know whether it desires to regain it at all, the artist finds scale only in himself.[23]   JAN BONTJES VAN BEEK

DISARRAY

This mindset of finding the right scale in oneself was an inner necessity for him. In the most terrible, most awful moments of his life, which he usually called consequences "of the world thrown into disarray," he found comfort in glaze calculations or the search for the right proportions.

Sitting in the cell and expecting that the executioner would come when the door opened next, he calculated glazes, as he told me, to occupy himself with something. Ceramics was more than a craft for him—it remained a medium of his life.[24]   HEINZ SPIELMANN

Bontjes wrote to Olga on November 14, 1943, Cato's birthday, which she never lived to see:

Beloved Olga, today on our daughter's birthday, I would like to send you an affectionate greeting. […] Olga, I so wish you that you get over this difficult mountain, this mountain, the ascent of which is the hardest thing for me that I have had to do in my life until now. I am not very far yet and I do not yet know today whether, after climbing this peak, I will recognize the view into the lowlands as a reality. Rest assured, dear Olga, that I am suffering endlessly with you… Feel embraced in faithful love by your old Jan.[25]   JAN BONTJES VAN BEEK

Life and work were thus inextricably interwoven for Jan Bontjes van Beek. What possessed validity for him in life, inevitably had to be heightened in art. In his May 6, 1949 farewell address at Weissensee School of the Arts, not even six years after Cato had been executed, he publicly declared that the affective in art and life had to form a whole.

The substance, the no longer tangible, that which sustains the existence so prevalent today is what establishes permanence or transience; It is what gives the work's quality affective power and thus in fact its reality, that which transcends time and touches hearts over and over again. […] Whatever is affective in art and is not brought about by substance has no reality and perishes in the sea of obscurity; After all, real affect comes from substance and is only manifested by it, i.e., it only attains its true reality through it.[26]
JAN BONTJES VAN BEEK

The SED seemed irritated by Bontjes's stance and noted in the minutes of its department heads' meeting:

It was resolved to remove the director of Weissensee School of the Arts Bontjes van Beek from his office immediately for his remarks in the senate in conjunction with the discussion about the school's carnival ball, where he stated,

"I am familiar with fascism from left and from right."[27]   SED CENTRAL COMMITTEE CULTURE DEPARTMENT

After the Peaceful Revolution, this free spirit's resoluteness was discovered to have confounded the regime enough for it to have him surveilled continuously until his retirement in Hamburg—essentially as payback. Remarkable vigilance, considering Bontjes was never a citizen of the GDR. Out of revenge, he was relegated to insignificance.

Characteristics 1950: polit. ties to KPD questionable, "Bontjesian Marxism" no SED party affiliation, utopian socialist, Kropotkin-biggest revolt. Adage. policy better with sensitivity, prototype of the individualist (excerpt from cadre files) further: avoids public political statement. Maintains ties and respect of western circles. Professional work: fruitless, nothing important produced. Teaching not effective either. No friend of the GDR.[28]   STASI RECORD JAN BONTJES VAN BEEK

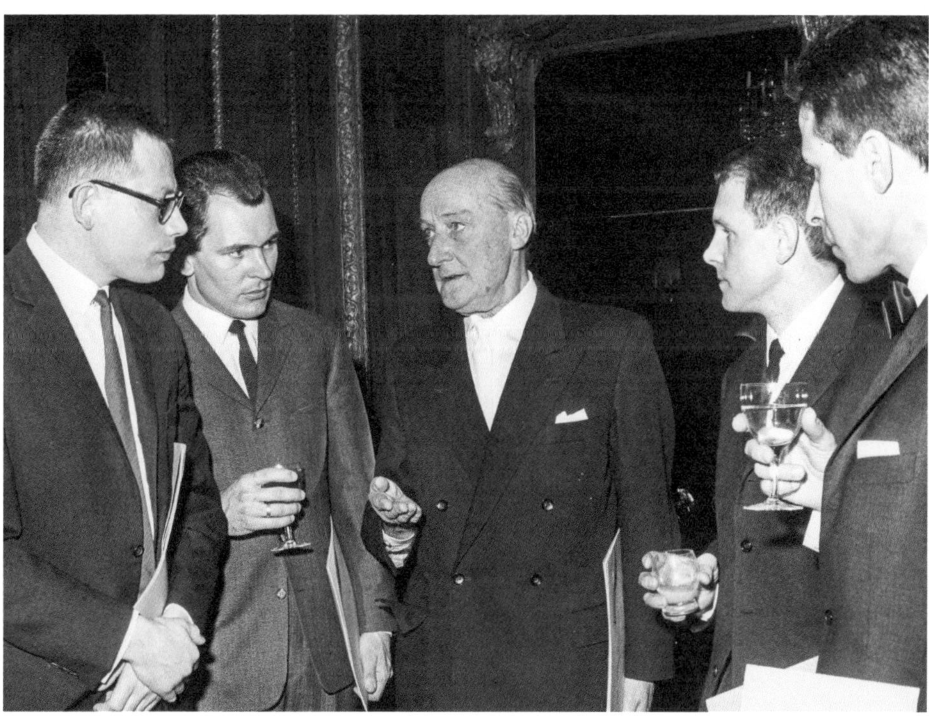

March 18, 1965, Berliner Kunstpreis (Berlin Art Prize) awards ceremony. Jan Bontjes van Beek with the team of Braun AG designers: from l. to r., Dieter Rams, Robert Oberheim, Richard Fischer, Reinhold Weiss. Anonymous photographer / Preisverleihung Berliner Kunstpreis am 18. März 1965. Jan Bontjes van Beek mit dem Designer Team der Braun AG: v.l.n.r. Dieter Rams, Robert Oberheim, Richard Fischer, Reinhold Weiss. Unbekannter Fotograf. Stiftung Deutsches Design Museum Frankfurt © Braun P&G.

WEIGHT

The art historian Gottfried Boehm once described contemporary sculpture as "other images, namely images that carry weight."[29] Even though Bontjes's oeuvre is not installation work, weight plays a dominant role all the same, revealing the most significant difference from Bauhaus ceramics and their protagonist Otto Lindig, whom he succeeded in Hamburg in 1960. Whereas Lindig celebrated the extremely light and thin-walled vessel, Bontjes conversely emphasized the vessel's sculpturality through a pronounced, assured wall thickness. The one-offs he made in Dehme and Hamburg increasingly carried weight. He shared his findings from his personal development directly with his class at Hamburg School of Art.

In my training workshop, we threw very thinly; I could throw really quickly. I immediately threw diligently at school then and Bontjes came and picked up the first pot, really as if it were just any pot; it was quite light for him and that was quite awful—then he said to me, a pot has to be like a stone! I had to relearn everything first. Then I started to throw heavier, that is, to make everything heavier. But he didn't throw the pot away.[30]   CHRISTINE ATMER DE REIG

The relief expressed in the final sentence was anything but groundless. After all, Bontjes unambiguously declared that only good form would endure.

There were students who came from the Lindig era and burst into tears because everything that they had learned before was useless now. [...] It went so far that Bontjes, in his spontaneous way, emptied the racks with big arm movements. Clay boxes were under the racks; the unfired pieces fell into them and could be reused. So, we had to mix the clay again and pound everything. That was a prime example. That was formative and that was our class.[31]
BARBARA STEHR

COLOR

In addition to his concentration on body and scale, color was the third element in the triad of Bontjes's work. A 1957 address to the painters' guild clearly indicates that he must have been familiar with Josef Albers's ideas about color.[32] Wholly consistent with Albers's book *Interaction of Color*, published later in 1963, he made the audience aware of the autonomy of color and additionally explained the interaction between colors.[33] Bontjes's personal papers include an invitation to the Josef

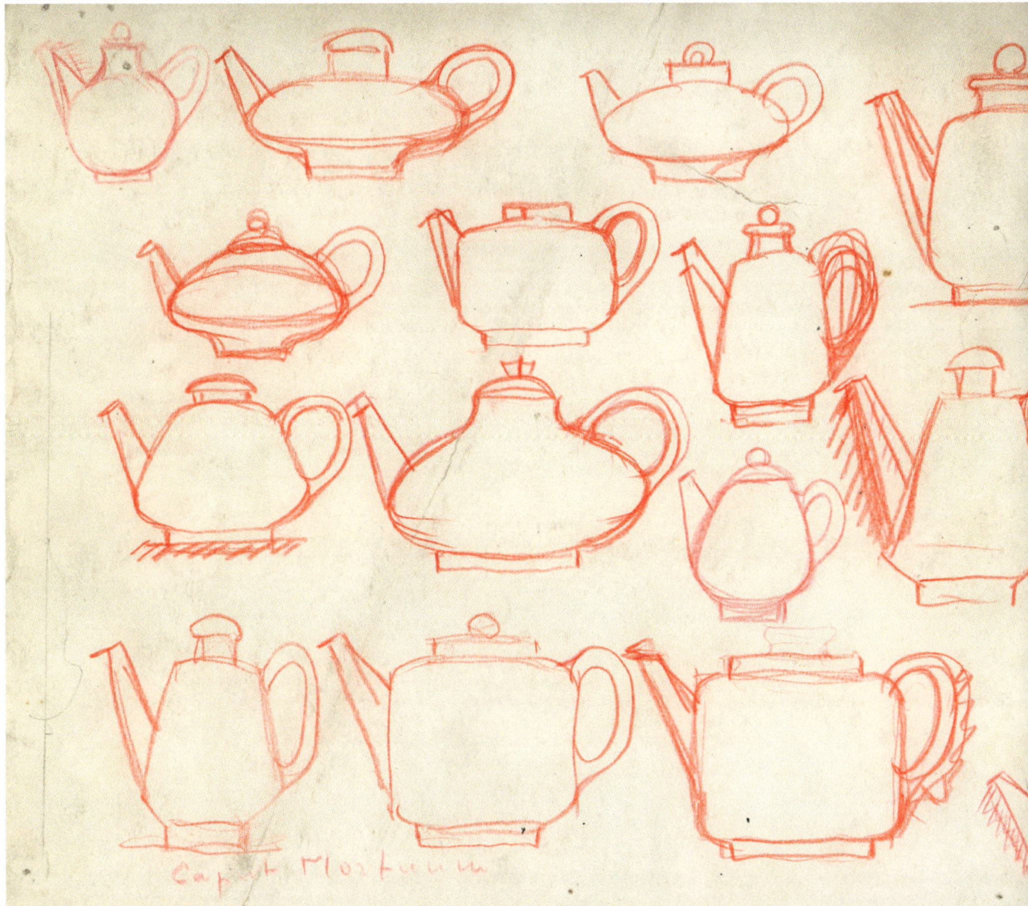

Jan Bontjes van Beek: Sketch page, undated / Skizzenblatt, undatiert. Collection of / Sammlung Bernhard Braumann, Archiv Keramikmuseum Westerwald.

Albers exhibition that opened in Kassel on May 28, 1957. A brief text in which Albers explains his work is printed on the inside of the invitation.
Color had been the first objective Bontjes pursued in Fischerhude. It seems as if his decision to make ceramics had been motivated by the painterliness of ceramic color. Whereas the forms in Fischerhude had been quite simple and there had been little sense of the future formal canon, the objects already displayed a great craving for color, which can develop an incomparable dynamism in ceramic glazes. After learning to throw in Undenheim, Bontjes, bankrolled by art critic Kurt Hinterlach, studied at Prof. Hermann Seger's Chemical Laboratory for the Clay Industry in Berlin in 1923.

When Jan returned, the first reduction-fired pieces were successful. It was a celebration when the first copper glaze saw the light of day! It had been done then.[34]   OLGA BONTJES VAN BEEK

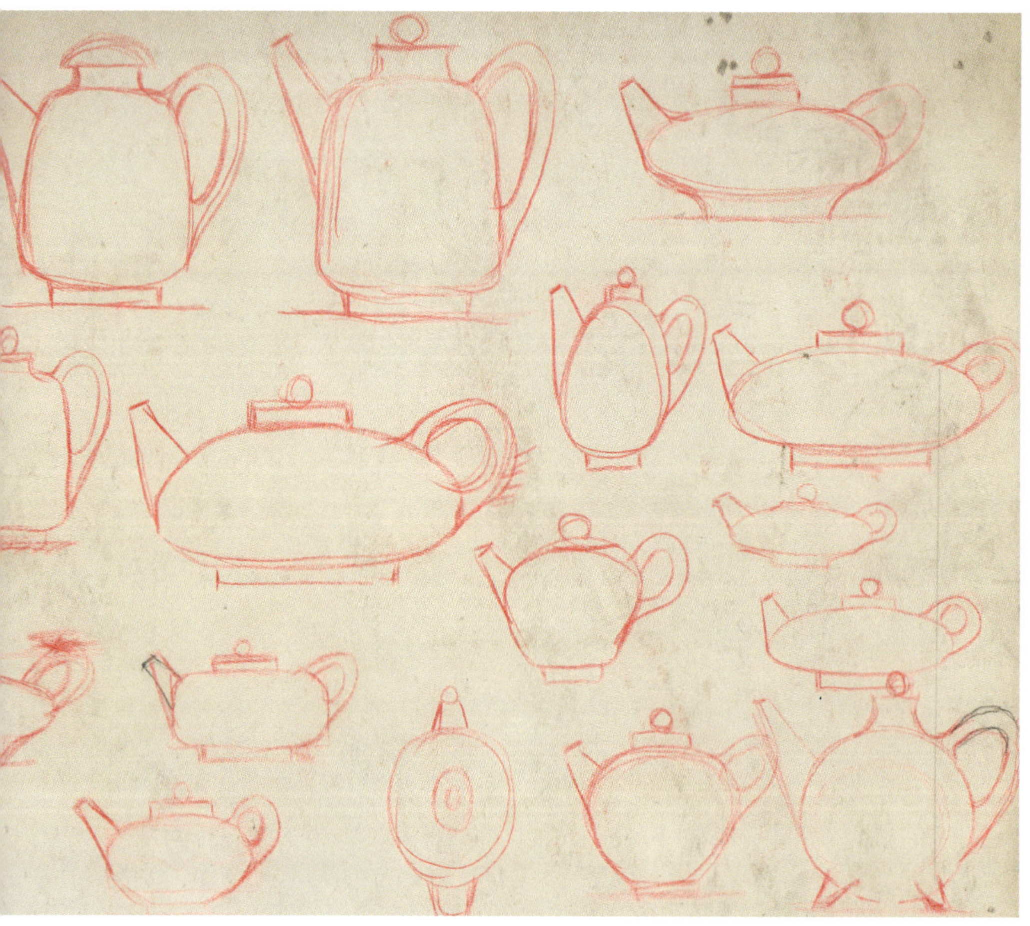

A small notebook in the family archives verifies how greatly he enjoyed experimenting. Over fifty different tests are listed under the heading "Completed Tests 16. V. 25", for instance, which partly pertain to commercial glazes from Wenger and Bidtelia but also include personal mixtures or blends.

Silver luster 2 over dark brown perhaps becomes lovely blue / Silver luster 2 over P.E.3 perhaps becomes lovely purple.[35]   JAN BONTJES VAN BEEK

Brief notes such as this reflect the universal optimism of all ceramicists who repeatedly put new test pieces in the kiln with high hopes. Bontjes's personal papers include recipes for more than 4000 glazes he had tested at his different workplaces. *Fischerhuder Kunst Keramik's* works primarily catch the eye through their surface design. Their so-called "pharaoh luster" glazes evoke Isadora Duncan's or Sent M'Ahesa's Egyptian dances and also fit in well with Hoetger's exotic stylistic elements. The Fischerhude kilns' temperatures and varied results were particularly suited for earthenware. Bontjes started making his first one-off stoneware pieces in Berlin in a small muffle kiln in 1934 and additionally in a larger kiln as of 1941. Whether Bontjes saw the *Chinese Art* exhibition, shown on Pariser Platz in Berlin at the start of 1929, is not known. It is certain, however, that he traveled to the *International Exhibition of Chinese Art* in London in 1936 and the objects on display left a lasting impression on him. Intensive study made Bontjes a considerable expert on Chinese ceramics over time, who was able to impress many a person with his expertise.

Bontjes took one piece after another in his hands, inspected the forms, the shards, the glazes, the sound and spoke about the ancient Tang and Sung masters as if he had worked with them just yesterday. He explained their works with art historical meticulousness, as if he, like his English colleague Bernhard Leach, had studied East Asian ceramics there and then for years. Bontjes had in fact prepared his East Asia trip fully, with an itinerary for a several-year stay and even his ship ticket, when he had to forgo it at the last minute for family reasons. [...] Anyone who set eyes just once on the countless, repeatedly rejected, repeatedly revised form, mass and glaze tests at the Keramisches Werk of Dr. Ungewiss in Oeynhausen, being explained by him himself in front of long racks, for instance, understood at once the person Jan Bontjes van Beek, who was able to give the revolt of the masses a humane and constructive response.[36]   FRITZ G. WINTER

Chinese stoneware and porcelain catch the eye through fabulous glazes, which Bontjes also favored for his own vessels. He left nothing to chance, though. In long series of tests in Hamburg, he developed a new technique, which made reduction glazes possible for him in the more controllable oxidizing firing in the electric kiln. He thus obtained the effect of East Asian stoneware glazes in a typically controlled Bontjesian process. Beyond well-known names, such as *oxblood red, hare's fur* or *claire-de-lune*, he coined poetic neologisms for his colors, such as *Caput*

Mortuum, Rosenblättchen-Muschelglasur (rose petal-mussel glaze) or Morpho Helena.

Bontjes was particularly fond of the color white, which can display a wide variety of shades in a ceramic glaze. White glazed Fischerhude ceramic objects may have been flawed from a ceramics perspective but were kept all the same. Upon devoting himself to the production of stoneware and porcelain later, Bontjes broadened his horizon considerably in his quest for the color white. For Bontjes, a metaphysical and simultaneously primal force manifested itself in this color.

White, the reflective gloss of the glaze, fired our imaginations, the light itself seeming to like lingering on the white. Shouldn't this exquisite white not be kept as free as possible from bright colors? The purpose of painting can obviously only be to arrive at "reality" in naturalistic "true colors" so that the object consequently removes itself from the artwork.—It is about the synthesis of reason and feeling, about mastery and sublimation of the modeled form.[37]
JAN BONTJES VAN BEEK

Heinz Spielmann witnessed Bontjes's critical attitude toward his own color tests:

In all tests, Bontjes was his own most relentless critic, for instance, in his development of a thick, creamy white glaze. When I visited him one day, he had several small test bowls in front of him, which, as I saw it, fully satisfied his ideal. He gruffly dismissed my praise—White had to be like mother's milk (his choice of words being far more drastic); he allowed me to buy one of the small bowls, he threw the others in a basket with failed pieces.[38]   HEINZ SPIELMANN

BODY – SCALE – COLOR PERFECTED

For Bontjes, glazes were the perfection of the body rather than mere decoration. His glazes and engobes coat his vessels like a skin, gliding sensuously along their silhouettes. Their strict form accentuates the ceramic color's unique dynamism, flowing over the sharp edges and coming to a standstill at the foot in thick drops. This gives even color corporeality. The triad of body, scale and color coalesce masterfully in the self-proclaimed "ceramic sculptor's" vessels. Bontjes sought affects rather than effects. After all, nothing was further from his mind in his work and in his life than indifference and superficiality.

The technically perfect alone is not already *eo ipso* beautiful too, only conscious design gives it human scale and ensoulment.[39]   JAN BONTJES VAN BEEK

Jan Bontjes van Beek's moving life reflected the highs and lows of twentieth-century German history. He accentuated the corporeality in form and the dynamism in color like none other. In turbulent times, he sought the right scale for his vessels—and ultimately for himself and society. The substance of his work remains as striking and current as ever even today.

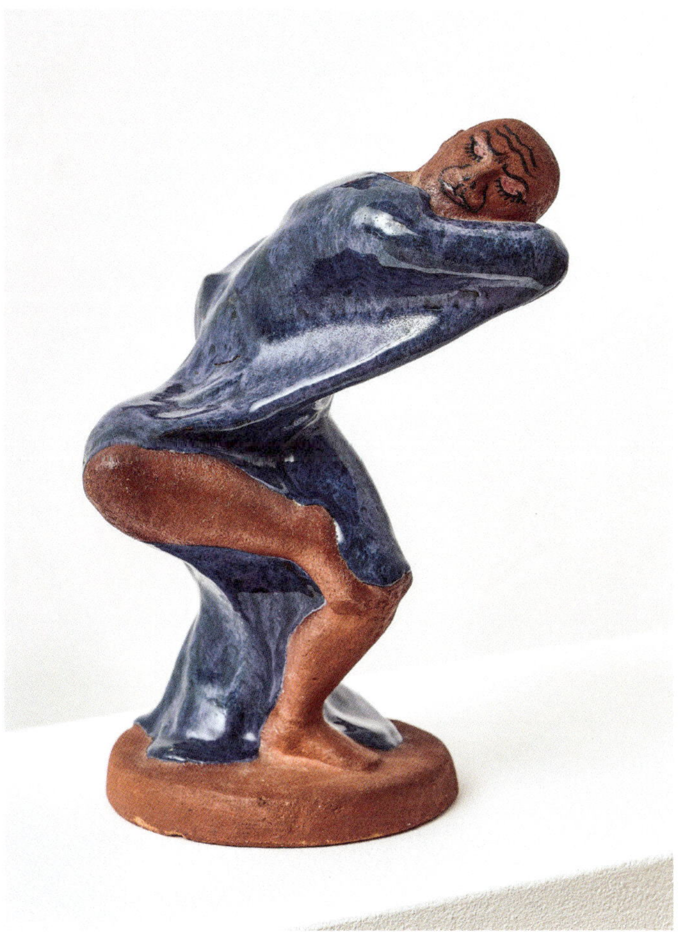

Self-Portrait as a Dancer, Fischerhude, ca. 1925. CR 3 / Selbstportrait als Tänzer, Fischerhude, um 1925. WVZ 3 (21).

1 Olga Bontjes van Beek, memoir [unpublished manuscript], Archiv Saskia Bontjes van Beek (Fischerhude).

2 Heinrich Vogeler. *Werden. Erinnerungen. Fischerhude* (Atelier im Bauernhaus, 2018), p. 276. See also p. 230.

3 Olga Bontjes van Beek, memoir.

4 Ibid.

5 Olga Bontjes van Beek, letter to Jan Bontjes van Beek, 20 September 1919, Archiv Saskia Bontjes van Beek.

6 Olga Bontjes van Beek, memoir.

7 Jan Bontjes van Beek, letter to Amelie, 30 December 1944, Archiv Saskia Bontjes van Beek, quoted in Barbara D. Johnson, *Heinrich Breling and seine Töchter.* Vol. II [manuscript in preparation], p. 53.

8 Tim Bontjes van Beek, memoir, quoted in Hans-Peter Jakobson, *Jan Bontjes van Beek,* edited by Volker Ellwanger (Bussert und Stadeler, 1999), p. 193.

9 Curt Walther, letter to Jan Bontjes van Beek, Deutsches Kunstarchiv im Germanischen Nationalmuseum, Nuremberg.

10 Gabi Legène, student at the Berlin Master School of Decorative Arts, interview, quoted in Digne M. Marcovicz, *Töpfe – Menschen – Leben. Berichte zu Jan Bontjes van Beek* (Heinrich & Heinrich, 2011), p. 85.

11 Tim Bontjes van Beek, memoir, quoted in Jakobson, p. 193.

12 Jan Bontjes van Beek, letter to Mietje, 14 February 1947, Archiv Saskia Bontjes van Beek.

13 Rahel Weisbach, interview, quoted in Marcovicz, p. 57.

14 Hans Eckstein, tribute speech for Jan Bontjes van Beek in conjunction with the 1965 Grand Art Prize of the City of Berlin, [unpublished transcript corrected by Bontjes]. Deutsches Kunstarchiv im Germanischen Nationalmuseum, Nuremberg.

15 See also the essay "The Olff Villa" in this catalogue.

16 Rahel Weisbach, interview, quoted in Marcovicz, p. 52–53.

17 Jan Bontjes van Beek, address at the professional conference of the Painters' Guild of the State of Berlin [unpublished transcript], 24 February 1955, Deutsches Kunstarchiv im Germanischen Nationalmuseum, Nuremberg.

18 Jan Bontjes van Beek, address at the Berlin Master School, 16 March, 1953, Deutsches Kunstarchiv im Germanischen Nationalmuseum, Nuremberg.

19 See also Beatriz Colomina and Mark Wigley, *Are We Human? Notes on an Archaeology of Design* (Lars Müller Publishers, 2022).

20 Lilly Reich, untitled discussion paper on rebuilding school for the entire field of manufacturing, April 2, 1946, WBA–MDD. Herbert Hirche Papers, series Documents 1945 to 1950, folder "Berliner Werkbundgruppe nach 1945," quoted in Nicola von Albrecht, *Herbert Hirche – Ein Protagonist der deutschen Nachkriegsmoderne* (Berlin 2020), p. 183. Bontjes appointed Herbert Hirche to a professorship at Weissensee School of the Arts in the 1948–1949 winter semester.

21 Jan Bontjes van Beek, 7 October 1949, quoted in Jakobson, p. 192.

22 Jan Bontjes van Beek, letter to Heinz Spielmann, 30 August 1965, quoted in Heinz Spielmann, *Aus der Nähe. Mein Leben mit Künstlern 1950–2000* (Neumünster 2014), p. 74.

23 *Jan Bontjes van Beek* (Hetjens Museum, 1978), p. 18.

24 Spielmann, p. 69.

25 Jan Bontjes van Beek, letter to Olga, 14 November 1943, quoted in Cato Bontjes van Beek, *"Leben will ich, leben, leben." Die junge Frau, die gegen die Nazis kämpfte and ihr Leben ließ,* edited by Hermann Vinke (Elisabeth Sandmann Verlag, 2020), p. 216.

26 Jan Bontjes van Beek, farewell address at Weissensee School of the Arts, 6 May 1949, Deutsches Kunstarchiv im Germanischen Nationalmuseum, Nuremberg.

27 SED Central Committee Culture Department, department heads' meeting with the Ministry of Public Education, 4 February 1950, quoted in Hiltrud Ebert, *Drei Kapitel Weißensee. Dokumente zur Geschichte der Kunsthochschule Berlin Weißensee 1946 bis 1957* (Lukas Verlag, 1996), p. 129.

28 Stasi record on Jan Bontjes van Beek. Archiv Saskia Bontjes van Beek.

29 Gottfried Boehm, "Das spezifische Gewicht des Raumes," in *Topos Raum. Die Aktualität des Raumes in den Künsten der Gegenwart* (Verlag für moderne Kunst Nürnberg, 2004), p. 33.

30 Christine Atmer de Reig, interview, quoted in Marcovicz, p. 135.

31 Barbara Stehr, interview, quoted in Marcovicz, p. 97.

32 Jan Bontjes van Beek, address at the professional conference of the Berlin Painters' Guild [unpublished transcript], 19 November 1957, Deutsches Kunstarchiv im Germanischen Nationalmuseum, Nuremberg.

33 See Josef Albers, *Interaction of Color* (Yale University Press, 1963).

34 Olga Bontjes van Beek, memoir.

35 Jan Bontjes van Beek, notebook, Archiv Saskia Bontjes van Beek.

36 Fritz G. Winter, "Begegnungen," in *Krefelder Werkhefte,* issue 3, 1967, p. 4.

37 Jan Bontjes van Beek, *Porzellan als Kunstwerk* [unpublished manuscript], Deutsches Kunstarchiv im Germanischen Nationalmuseum, Nuremberg.

38 Spielmann, p. 69.

39 Jan Bontjes van Beek, address at the Berlin Master School. Deutsches Kunstarchiv im Germanischen Nationalmuseum, Nuremberg.

THE OLFF VILLA

Sebastian Jacobi / Nele van Wieringen

Hamburg Eppendorf, Bebelallee 18 (now the Consulate General of the Islamic Republic of Iran)
Built: 1924–1926
1928: first remodeling
1931: second remodeling
Architect: Fritz Höger (1877–1949)
Client-owners: Hans and Grete Olff (1884–1966 and 1894–1976)

Some of the furniture and ceramics we show in this exhibition of Jan Bontjes van Beek's work and feature in part in this publication were once in Villa Olff in Hamburg. This villa's interior design exemplifies the important role of numerous collectors whose financial and moral support made Jan Bontjes van Beek's artistic output possible in the first place and essentially preserved it for posterity.

Hamburg fruit merchant Hans Olff and his wife Grete, née Werner, were some of Jan Bontjes van Beek's major patrons, from his beginnings in Fischerhude up into the 1950s. They met Olga Breling as well as Jan Bontjes in Worpswede through their friendship with Heinrich Vogeler and purchased works from both. In addition to a remarkable art and ceramics collection, they also built a warm friendship over time.

The special thing about the Olffs' collection was that it comprised not only works by Jan and Olga but also furniture by interior designer Rahel Weisbach, Jan's second wife.
After the extensive remodeling of the villa in 1928 and 1931, the couple acquired various pieces of Dessau Bauhaus-style furniture. Unfortunately, no records about the makers of these one-offs exist. The so-called "tile tables" started being added in 1933. They were produced as a collaboration between Bontjes and Rahel Weisbach, who initially worked as an interior designer in Erich Mendelsohn's firm (1887–1953) and subsequently for Martin Elsässer (1884–1957).

The tables are strongly reminiscent of designs by Ludwig Mies van der Rohe (1886–1969). Like Mendelsohn, he was a member of the Berlin architectural collective Der Ring. From 1930 to 1933, he was the director of the Bauhaus in Dessau and subsequently in Berlin.
The Reemtsma Villa in Hamburg-Altona, designed by Elsässer, had similar furniture too. Rahel Weisbach had been responsible for the interior design there and integrated various designs by Mies van der Rohe. They presumably met each other too. She certainly would have known his partner and collaborator Lilly Reich

(1885–1947). The latest scholarship holds that she was responsible for numerous furniture designs by Mies or even their maker.

Lilly Reich was in charge of the glass and ceramic section of the 1934 exhibition *Deutsches Volk – Deutsche Arbeit* (German Volk – German Work) on the Kaiserdamm exhibition grounds in Berlin, close to the Bontjes family's residence. At the latest, Bontjes and Reich must have met after the war, during their work for the *Deutscher Werkbund*.

A possible collaboration between Rahel Weisbach and Ludwig Mies van der Rohe or Lilly Reich cannot be verified at present, though.

In 1935, the Olffs acquired a black-tiled *coffee table* at the Berlin garden exhibition *Sommerblumen am Funkturm* (Summer Flowers at the Radio Tower), which is also on display here in the exhibition.

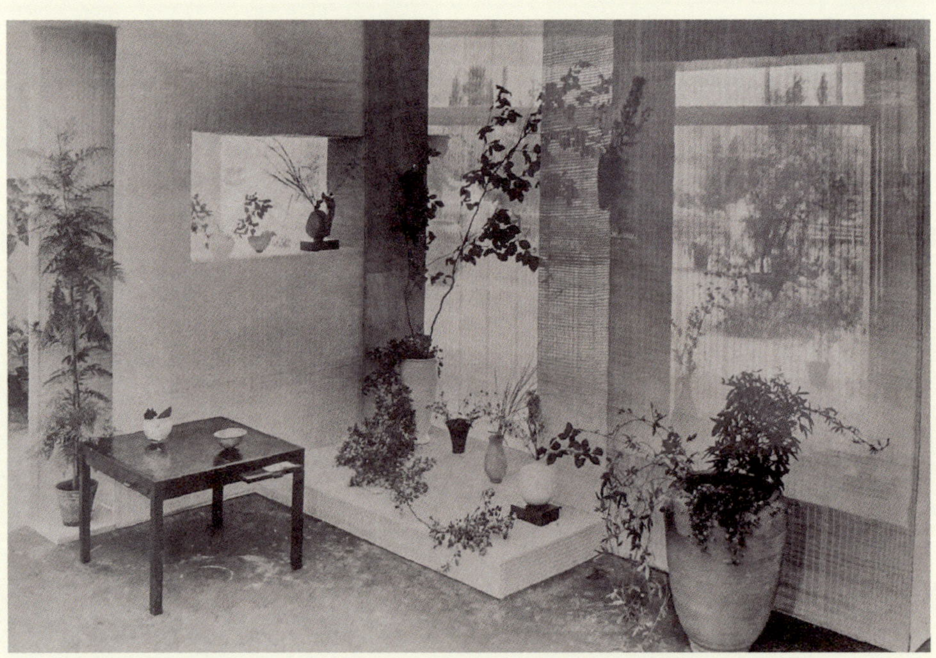

Summerflowers at the Radio Tower postcard / Postkarte „Sommerblumen am Funkturm", Berlin 1935. Collection of / Sammlung Werner Family.

BIOGRAPHY

EARLY YEARS / FISCHERHUDE

Jan. 18, 1899	Born in Vejle, Denmark, the fifth child of Dutch ship engineer Eduard Bontjes van Beek and Cato ter Molen
1905–1915	The Bontjes family lives in Uerdingen am Niederrhein, where the father works in the chemicals industry
1915–1919	Volunteer naval service with the III Seaman-Artillery Division Lehe in Bremerhaven, Cuxhaven, Wilhelmshaven and Emden Participation in the Wilhelmshaven mutiny
1919	He meets expressionist dancer Olga Breling at Bernard Hoetger's home in Heinrich Vogeler's Barkenhoff commune in Worpswede, dance performance tours with Olga and Sent M'Ahesa
April 6, 1920	Marriage to Olga Breling, residence in Fischerhude
Nov. 14, 1920	Birth of Cato
1920–1921	Independent paintings, sculptures, ceramics and musical compositions for artistic dance and "conservation manager of cultural-historical archaeological sites" Pottery apprenticeship with Valentin Frank, Undenheim in Rheinhessen
May 6, 1922	Birth of Mietje
Nov. 1922	Construction of the first kiln; joint workshop, *Fischerhuder Kunst Keramik*, with Amelie Breling
1923	Study program at Prof. Hermann Seger's Chemical Laboratory for the Clay Industry, Berlin, bankrolled by art critic Kurt Hinterlach
March 1923	Construction of the second kiln
Aug. 25, 1923	Birth of Tim
1925	Construction of the third kiln and expansion of the workshop
1927	Participation with *Fischerhuder Kunst Keramik* in the European Applied Arts exhibition, opening of the new Grassimuseum building on Johannisplatz, Leipzig
1928–1932	Research trips to Prague, Raudnitz a. d. Elbe, Sèvres, Chartres, Paris

BERLIN

1932	In Hamburg, Grete Olff introduces Jan to interior designer Rahel Weisbach, who is working there as the Reemtsma house site manager Design of the apse in the new church in Berlin-Wilmersdorf under commission by Fritz Höger
1931–1933	Cato lives with Jan's sister in Amsterdam
1932–1933	Jan lives and works in Velten
1933	Marriage to Rahel Weisbach Opening of the workshop on Tegeler Weg in Berlin-Charlottenburg Fourteen employees, ten of them Jewish, including Hanna Charag-Zuntz and Valerie Jorud
Oct. 17, 1934	Birth of Digne
1934	First one-off stoneware pieces
1935	Professional ban for Rahel Weisbach
1935–1941	Participation in the Grassi Fairs
March 17, 1936	Birth of Jan Barent
1936	Research trip to the *International Exhibition of Chinese Art*, London Exhibition with Henry Moore at the Leicester Galleries, London
Jan.–Aug. 1937	Cato works as an au pair in Winchcombe, England, and takes flying lessons
1937/1941	Research at Reinwald and Greulich pottery companies in Naumburg am Queis, now Nowogrodziec, Poland

July 4, 1939	Birth of Sebastian
1937–1942	Cato works at the workshop in Berlin and completes a business apprenticeship in Bremen
Sept. 20, 1942	Arrest of Jan and Cato by the Gestapo
Dec. 22, 1942	Release of Jan from Spandau Prison
Aug. 5, 1943	Execution of Cato at Plötzensee Prison, Berlin
Nov. 23, 1943	The workshop is fully destroyed in an air raid
1943–1945	Rahel lives with the children in Schreiberhau, Lower Silesia, now Szklarska Poręba, Poland
Jan. 1–June 30, 1944	Ceramics docent for the German Labor Front at the reserve hospital in Vlašim, now in the Czech Republic Soldier on the Eastern Front that same year
Sept. 1944	Drafted in the navy, coastal command in Bohnsack bei Danzig
April 13, 1945	Birth of Julia in Schreiberau
1945	Captivity in Ragnit near Tilsit, East Prussia, now part of Kaliningrad, Russia
Sept. 1945	Return to Berlin, reunion with his family

BERLIN / DEHME

1945–1946	Collaboration with the sculptor Prof. Karl Hartung
1946–1950	Participation in the exhibitions at the Galerie Gerd Rosen, Berlin
May 1, 1946	Start of teaching at Weissensee School of the Arts, Berlin
June 15, 1947	Appointed professor
Oct. 1, 1947	Named director
1948–1949	During the Berlin Blockade, Rahel lives with the children in London with her brothers and former Jewish workshop employees
May 16, 1949	Farewell address at Weissensee School of the Arts
Jan. 6, 1951	Official retroactive dismissal by the GDR Ministry of Public Education
1950–1953	Development of batch ceramics production for Keramisches Werk Dr. Ungewiss in Dehme, Eastern Westphalia
1953	Designs for Rosenthal in Selb, Bavaria
1953–1958	Director of the Master School of Decorative Arts in Berlin-Charlottenburg
1954–1960	Member of the Deutscher Werkbund's board of directors
1953–1967	During semester break, production of one-offs and director of Department II of the Keramische Werkstätten Dr. Alfred Ungewiss in Dehme
1958	Jury member for German participation in the Brussels World's Fair
Oct. 13, 1958	ASTA student council files a complaint about director Bontjes van Beek's intended dismissal
March 15, 1960	Termination of employment at the master school in Berlin

DEHME / HAMBURG

Oct. 1, 1960	Appointment to Hamburg University of Fine Arts as Otto Lindig's successor
1960	Member of the German Arts Council
1964	Appointment to membership of the Academy of Arts, Berlin
Sept. 24–Oct. 31, 1964	*Jan Bontjes van Beek, das keramische Werk* (Jan Bontjes van Beek, the Ceramic Work), exhibition at Die Neue Sammlung, Munich
1965	Grand Art Prize of the City of Berlin Appointment to the International Academy of Ceramics, Switzerland
1966	End of teaching in Hamburg and return to Berlin
July 16, 1967	Death of Sebastian
1967	Final works in Dehme
1968	Declines fellowship at the German Academy Rome Villa Massimo for health reasons
Sept. 5, 1969	Jan Bontjes van Beek dies in Berlin

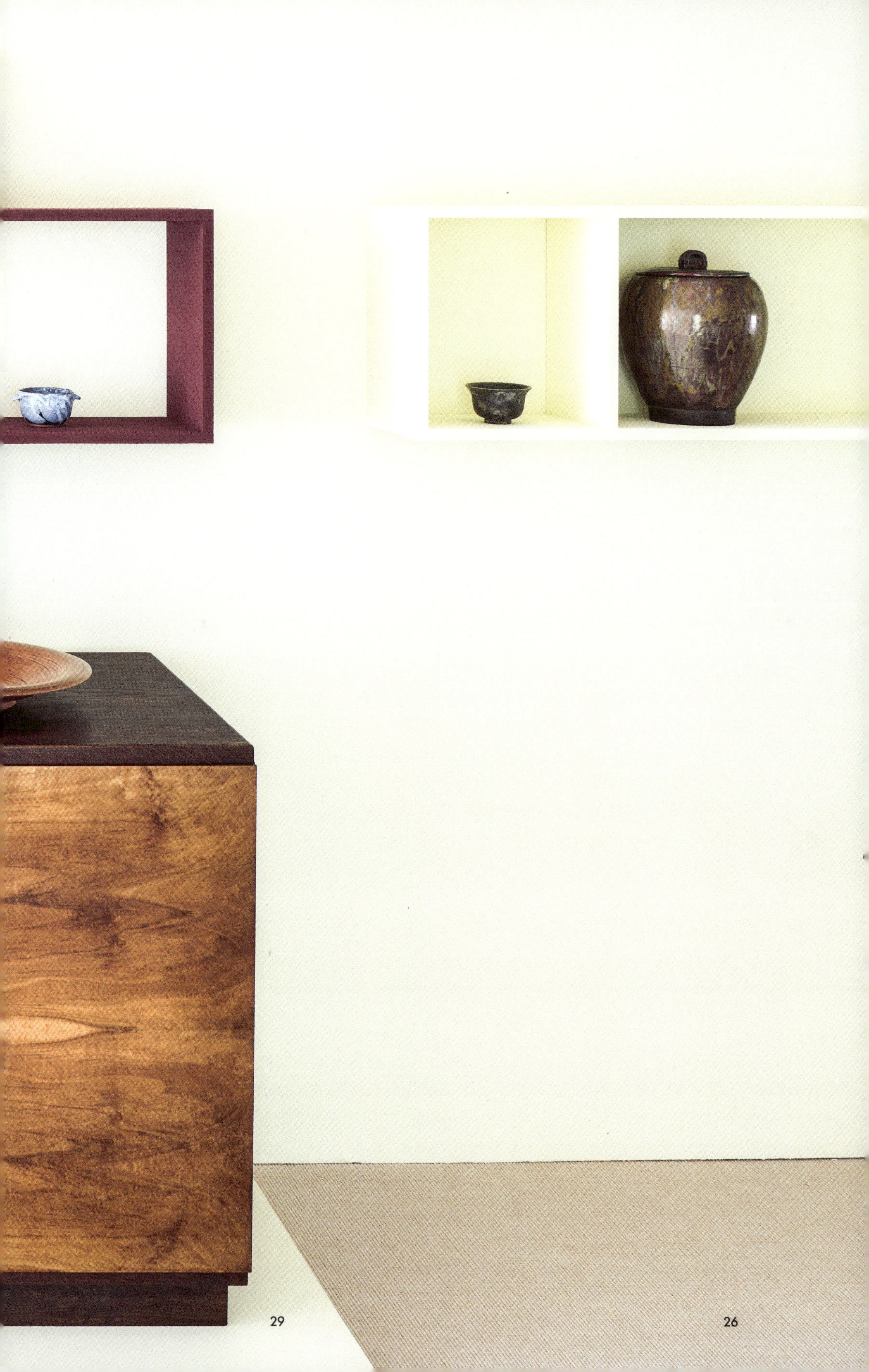

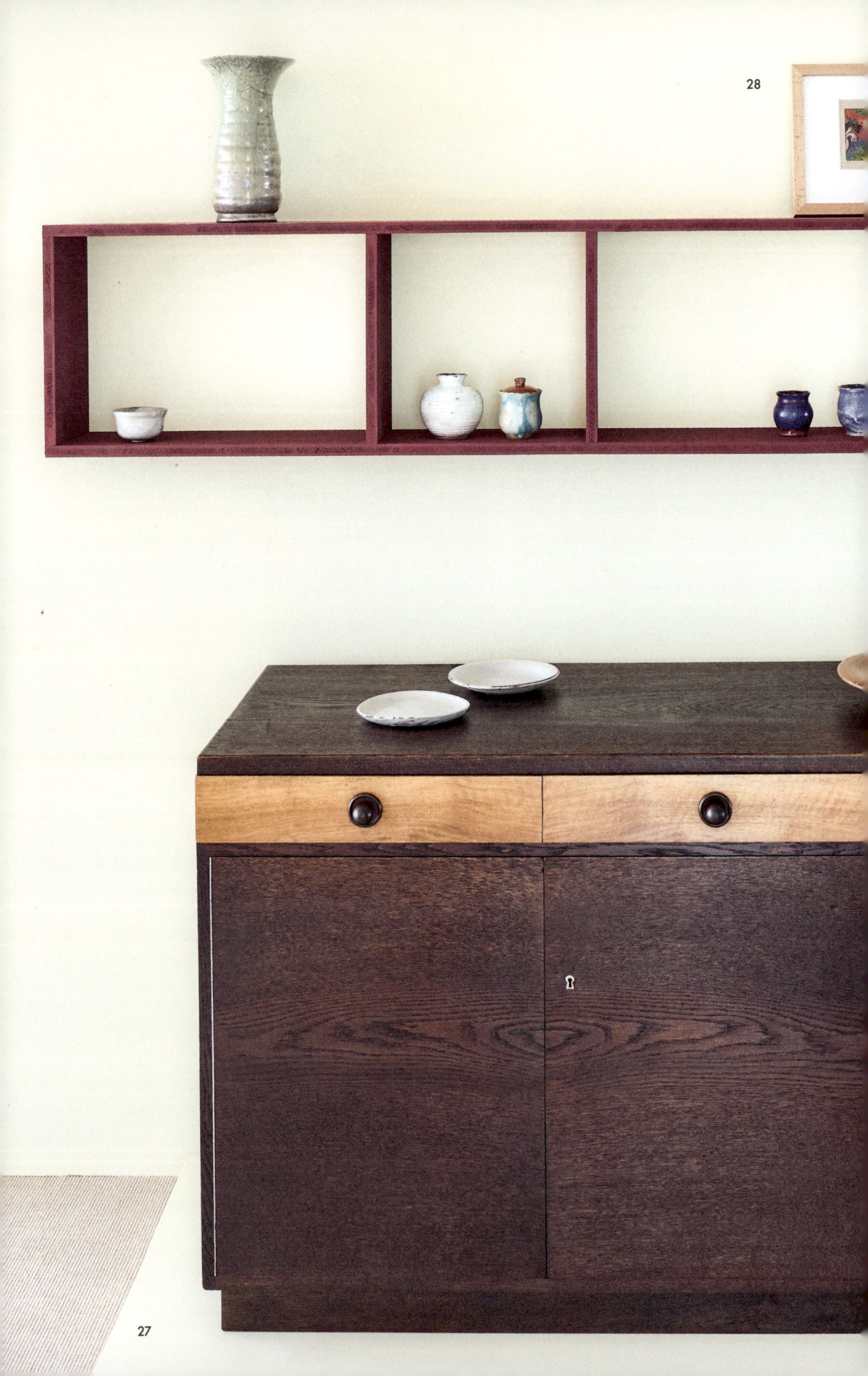

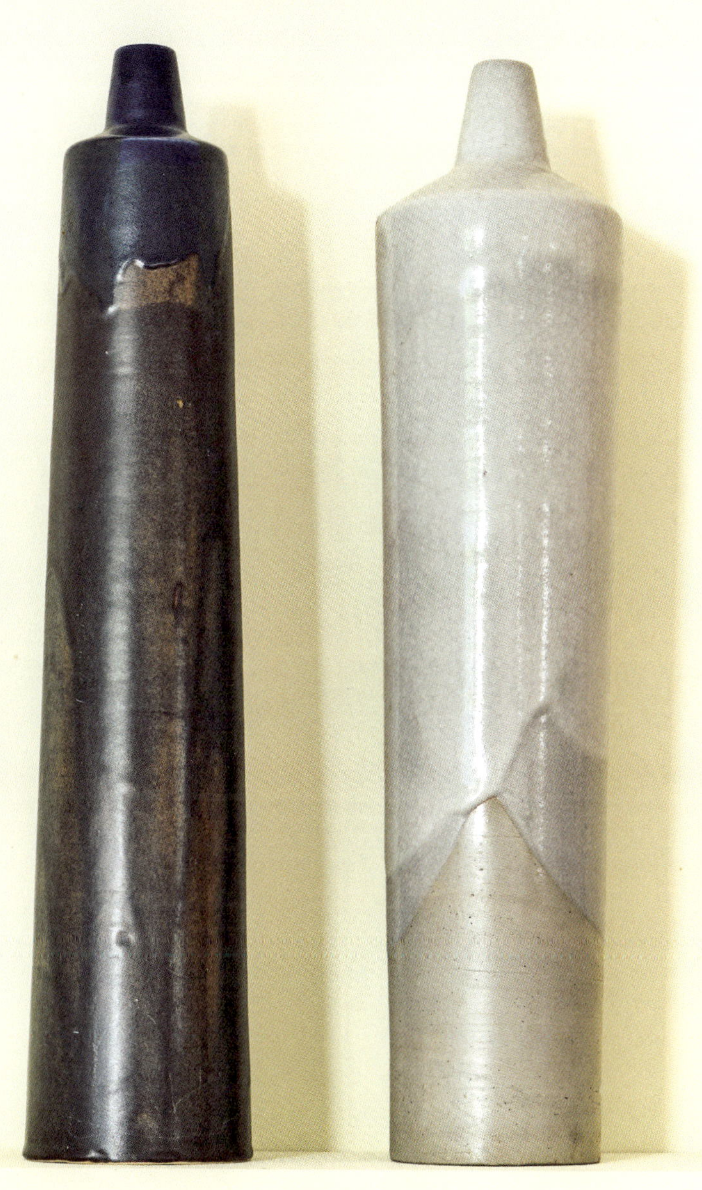

1 2

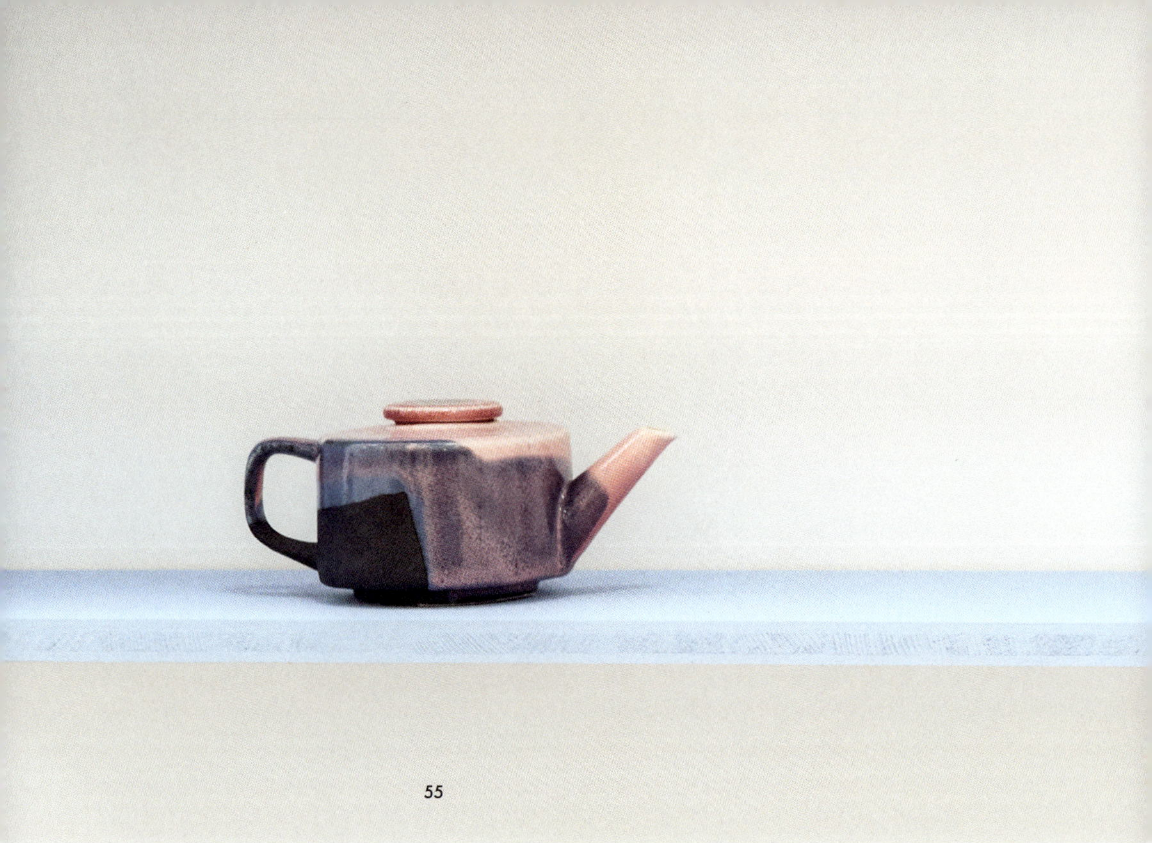

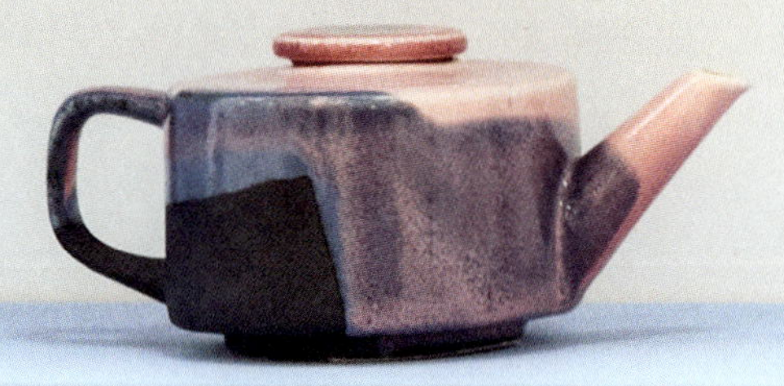

55

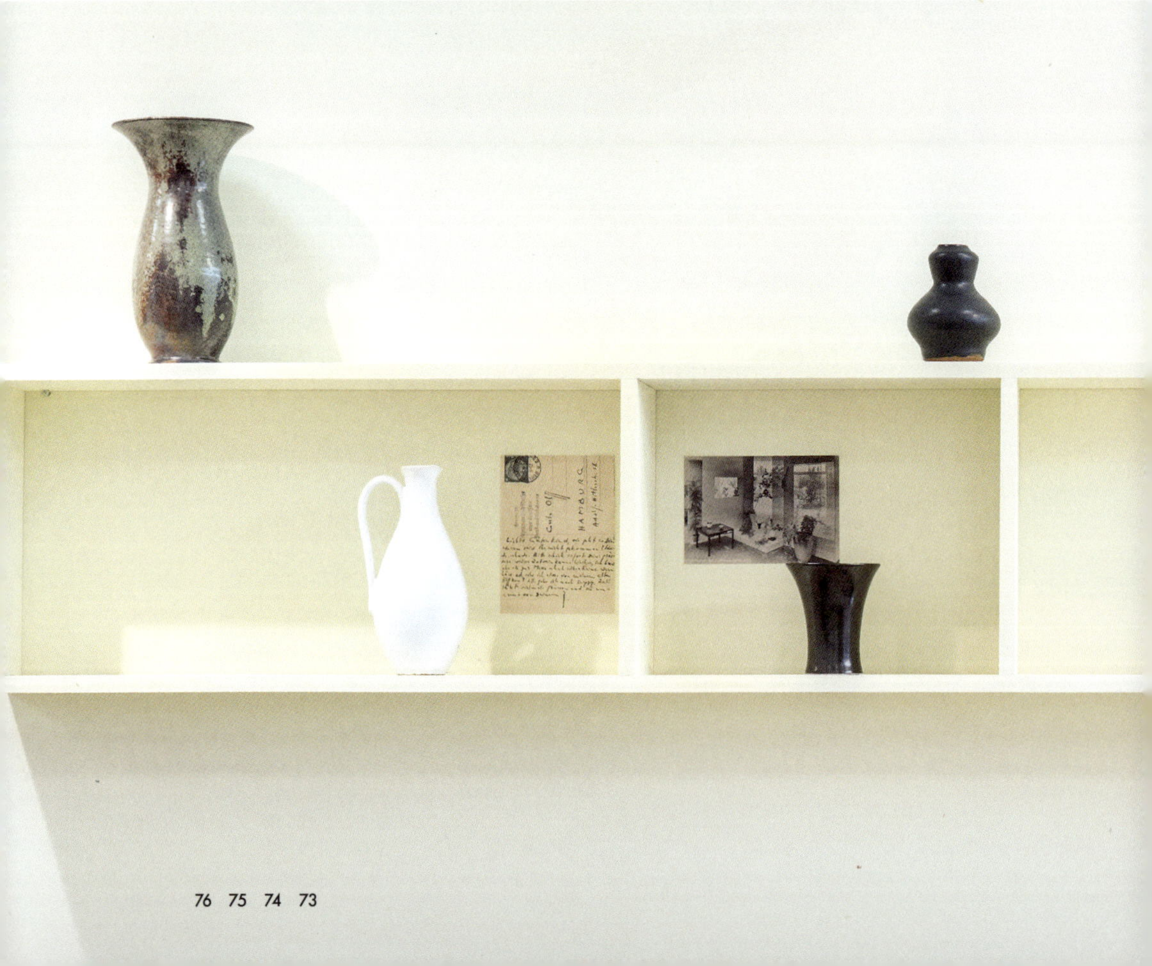

76 75 74 73

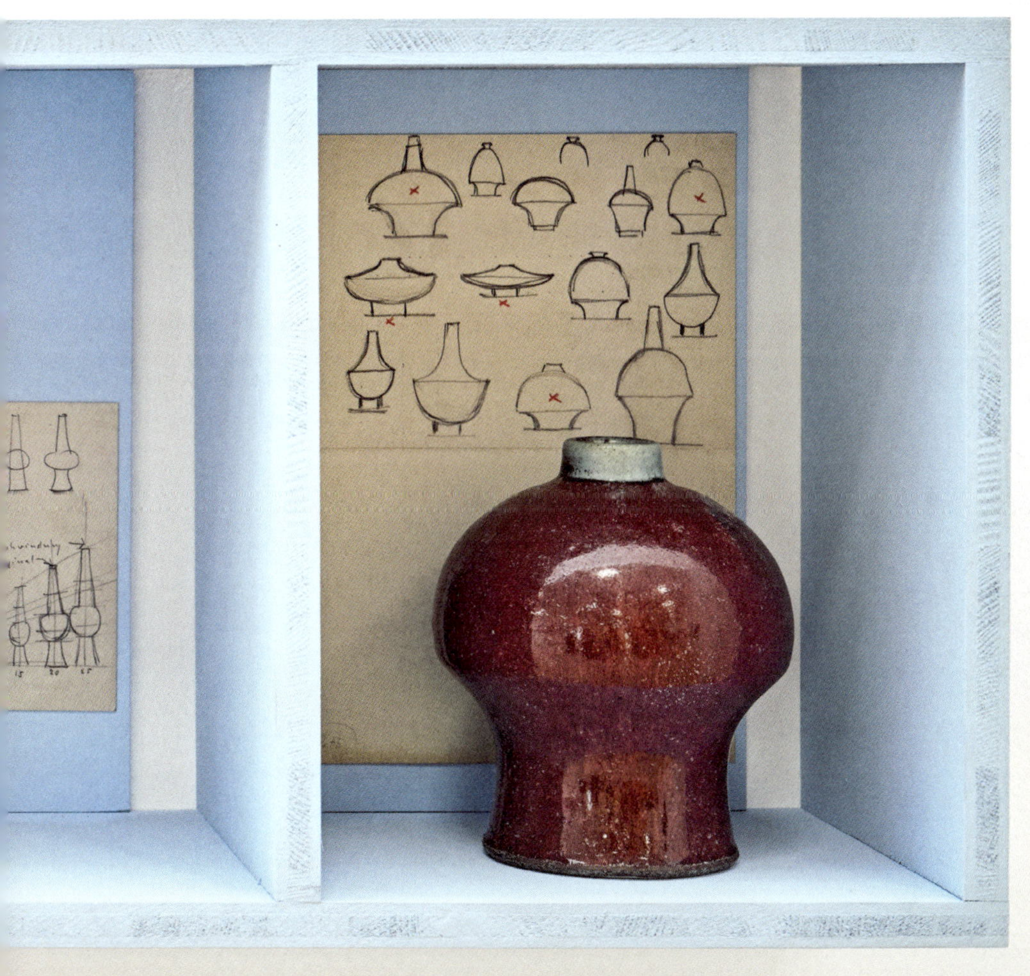

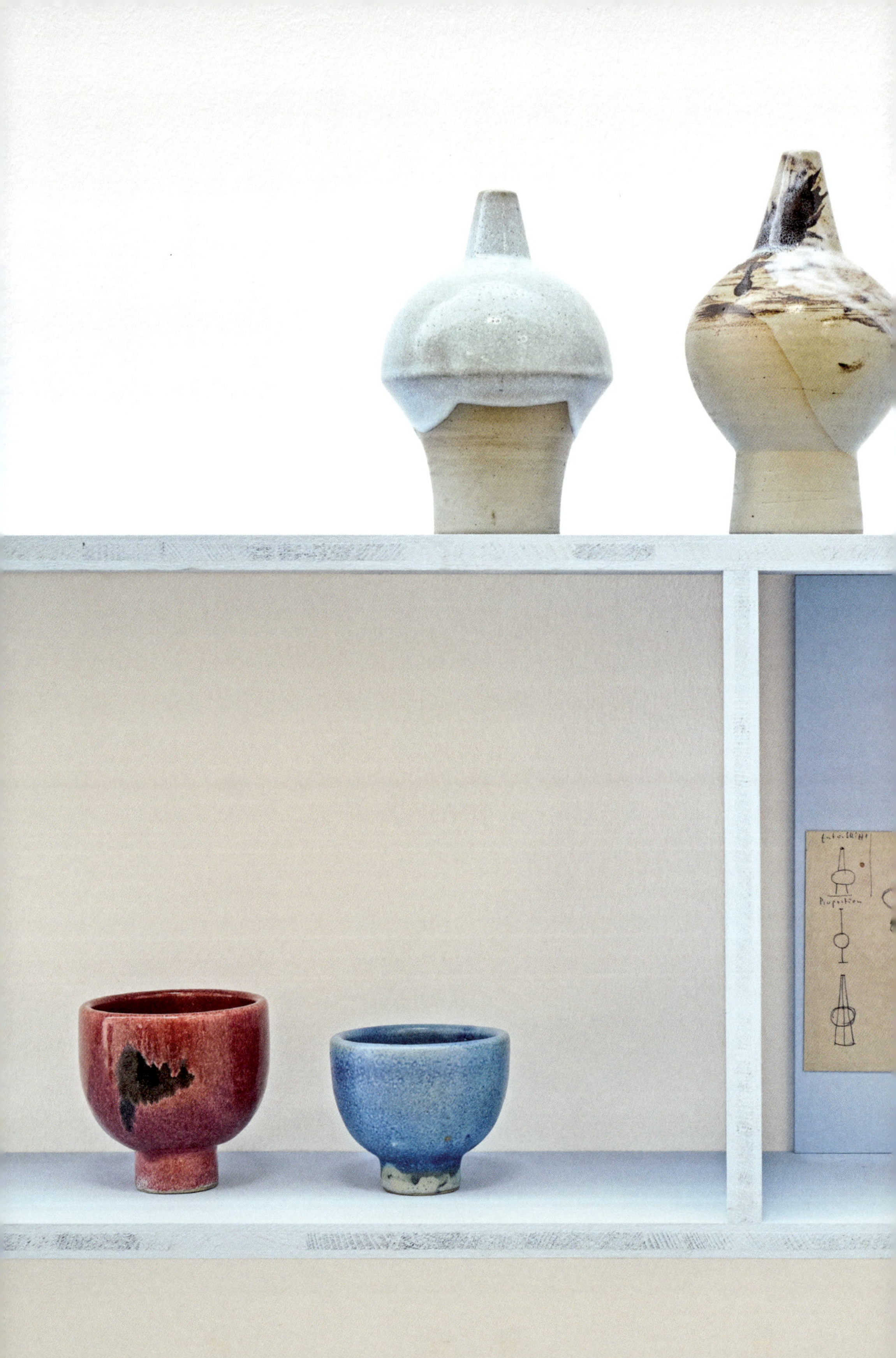

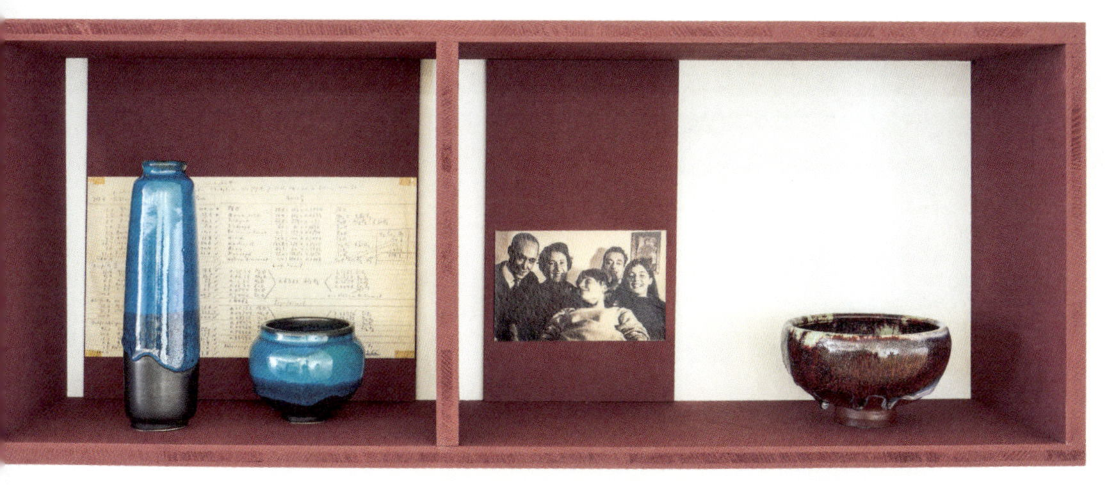

97   98

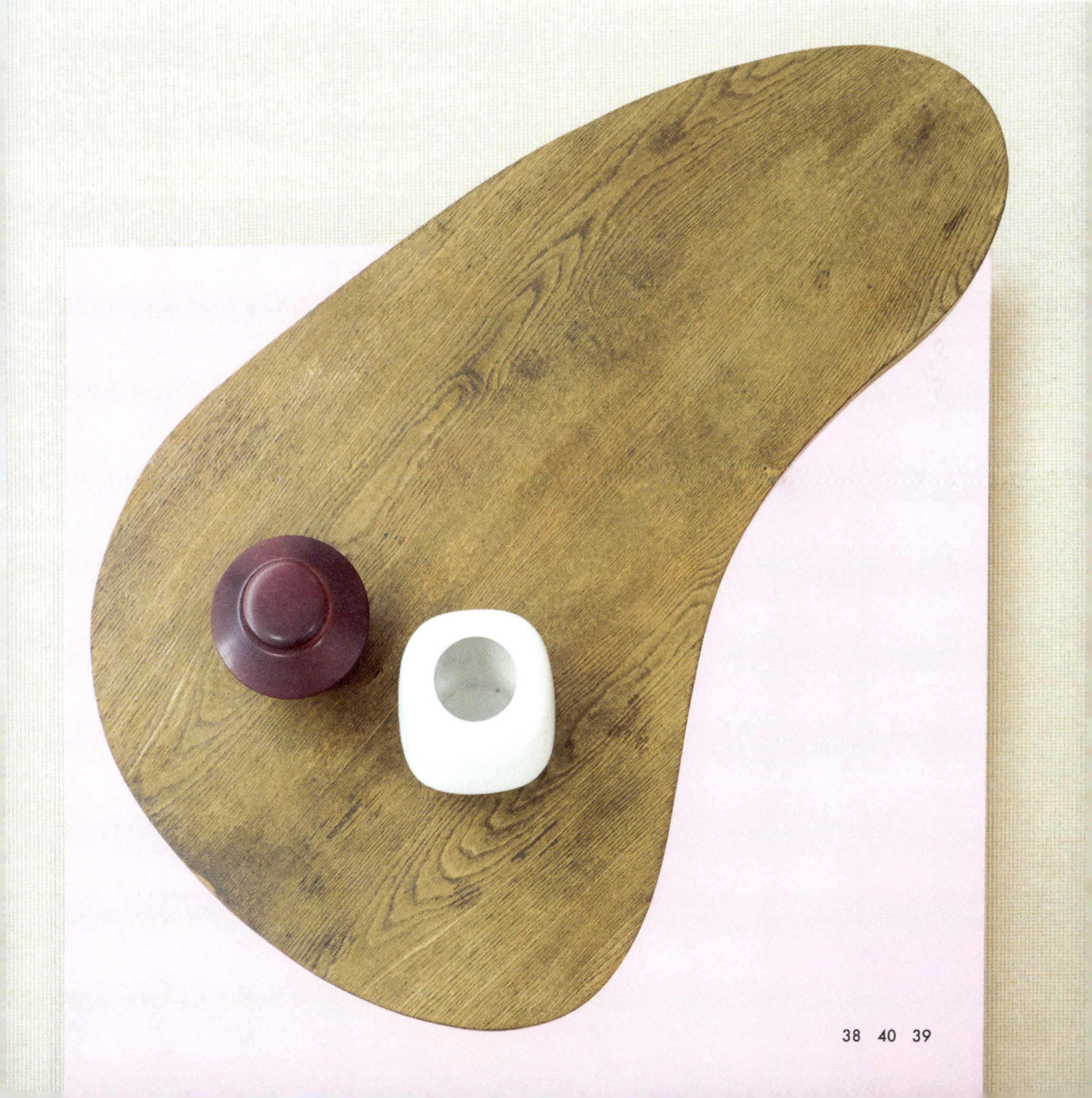

38 40 39

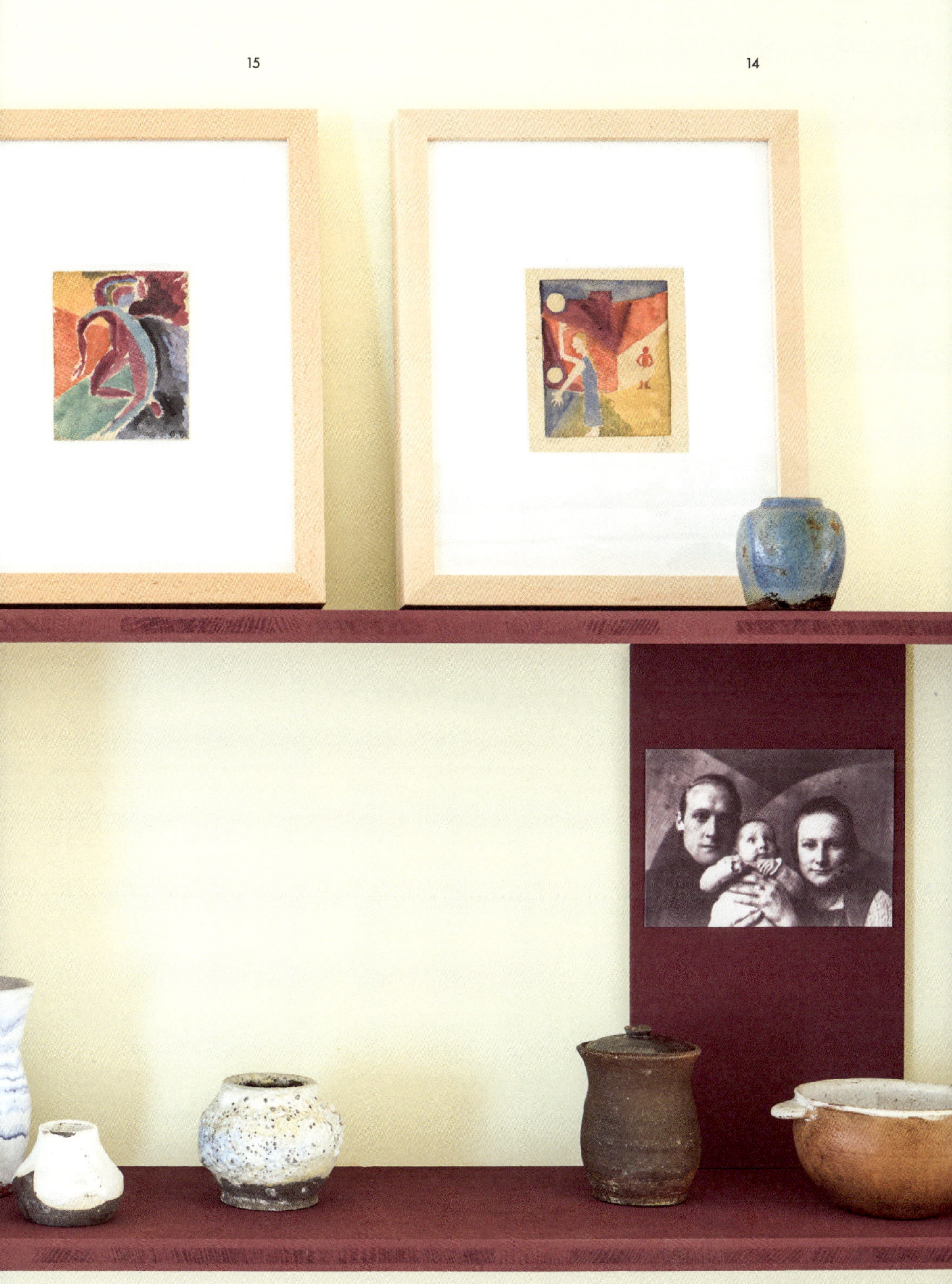
15
14